JN440711

겨우 인간

책나무
시선집
201

겨우 인간

장태삼 지음

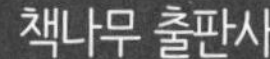

책나무 출판사

목차

1부

2부

3부

4부

5부

1부

존재

존재는
서로의 심장에
소금을 뿌리는 것이다

가끔은
서로의 심장에
입 맞추기도 하지만

새벽

누구를 위해서도 아니고
무엇을 원해서도 아니다

창문을 열고, 두 손을 모은다
가장 경건한 마음으로 하늘을 본다

내가 살아갈 날이 얼마나 남았을까
내가 사랑할 일이 남아 있을까

가장 겸손한 마음으로
한 모금의 물을 마신다

오늘 해야 할 일이 있다
옷깃을 여미고

새벽을 연다

울타리

큰바람 막아 주고
벌레도 잡았지만

당신은 내 안에서
피어나지 못했네

울타리를 넓혔지만
소용이 없었네

때맞춰 물 주고
잡초도 뽑았지만

당신은 내 옆에서
시들어만 갔네

울타리를 치웠지만
너무 늦어버렸네

그리운 그니

빨갛게 잘 익은 사과 한 알
시어머니께 들킬라,
반짇고리 속에 숨겼다 꺼내 주던
그니가 너무 이뻐

식을세라,
아랫목에 밥공기 묻어놓고
캄캄한 밤 불 밝히던
그니가 너무 정다워

보기만 해도 부르다는 듯
주린 배 다독이며
방그레 쳐다보던
그니가 너무 좋아

차마 사립문 열지 못하고
손 호호 불며 마당에서
오직 나 하나 기다리던
그니가 너무 그리워

거미

내 벌린 입에 집을 짓는 거미는
내 적이 아니다.
내가 싫어하고 내가 혐오하는
내가 미워하고 내가 무서워하는 온갖 잡것들이
내 안에 들어오지 못하게
집을 짓는 거미는.

내 벌린 입에 집을 짓는 거미는
내 친구도 아니다.
내 그리움, 그리움까지는
막아주지 못하므로.

죽음은

장구 치며 요란하게 때로는 사뿐히
내일보다 꼭 하루 빠르게 죽음은 온다

모든 에너지를 모아서 버텨도 죽음은
되돌릴 수 없는 삶의 마침표이다

아빤 언제 죽어요?
묻던 아들도 그 아들도

죽기 위해 북쪽으로 고개 돌리는
하루살이의 앞이빨이다

아무리 두껍게 포장을 해도 죽음은
추수 끝난 들판의 지푸라기와도 같은 것,

그리하여 죽음은
사람일 때 사람답게 살라는
살아있음의 천둥소리이다

전태일다리 노숙자

너무 할 말이 많았어
그것이 잘못이었을까
아이는 집에 있겠지
그녀는 돌아왔을까

이 생각 저 생각 한 그릇에 담았네
못다 한 말 백 근 한숨 두 됫박
희망 일 그램 분노 한 상자 그리고
청계천 물을 섞었더니 허허, 맹탕일세

불필요한 게 왜 이렇게 필요할까
하루 한 끼 식은밥에 젓가락도 없고
너무 싱겁네 필요한 것은 소금인데
집에다 두고 왔네

집에 갈 줄 몰라서 거리를 헤매일까
맛이 있어서 식은밥을 찾았을까
우산도 없이
젖는 줄을 몰라서 빗속을 걸었을까

살짝 가서 그리운 이 다시 만난들
이별은 이 별에서 돌이킬 수 없고
후회와 슬픔이 불필요한 것들과 섞이어
전태일 등 뒤로 숨을 때

소금은 없고,
맹탕물에 오늘을 반죽해서
다리 밑으로 던진다

빈자리

다섯 개의 보금자리가 있는
콩깍지 속의 콩은 셋넷만으로도
꽉 찼네

추수 앞둔 들판은
허수아비 없이도 가득이고
가판대의 자루들은
팔 홉이어도 매듭이네

두세 달 전의 사무실 내 책상
치워졌지만 가득이고
만원 지하철은 배불뚝이
내가 없이도 꽉 찼네

우리 집 식탁도
아내의 옆구리도
내 없음의 꽉 참이네
웃음소리 들리고

십 년 백 년이 지난 것도 아닌데,
하느님의 옆자리는
비어 있어도 꽉 찼네

내가 없어 비어있는 것은
오직 내 가슴뿐이라네

서로

텅 빈 가슴끼리
다가서지 못하고

무너진 어깨끼리
기대지 못하는

서로.

네온사인 휘황한
무인도에서

사라진 선사시대의
돌무덤을 보듯이

여행자에게

인생이라는 이름의
바다에 나가려거든
피 묻은 칼하나 준비 없이
비 내리는 항구를 서성대지 마라

평화와 자유라는 이름의
열차에 오르려거든
뜨거운 포탄하나 준비 없이
매표소 앞에 줄 서지 마라

절실함과 치열함을
장롱 속에 두고 온 여행자여,
녹슨 칼과 포탄은 오로지
네 심장을 겨누어라

의지의 무게

아무리 몸을 동글게 말아도
누군가의 잠자리를 비좁게 만들었다

움직이지 못하는 병든 몸이 되어서도
누군가의 꿈을 부서지게 했다

누렁 짐승으로 태어나
온갖 잡식으로 머릿속을 채우고

재롱은 재롱은 다 부리다가
역사의 금 하나 밟아보지 못하고

황토에 녹는다,
귀퉁이의 푸름에 녹는다

한 개의 누렁이 아프게 그저 아프게만
채워지지 못한 몸으로 푸름에 보태져도

너무 가벼운 의지의 무게, 외려

푸름을 빼앗는구나

내 살아 있음이 누군가의 살아 있음을
빼앗아 왔구나

훔치어 가는구나!

영웅도태

세상은 나를 바보로 만들었고
세월은 나를 죄인으로 만들었다

안다, 나는 결단하지 못했으며
장엄하지도 않다는 걸

옥수수를 삶는다
곱분이가 다가와 앉는다

애마의 목을 단칼에 베었다는 김유신,
나는 그를 닮아야 했을까!

곱분이가 또록또록
옥수수를 먹는다

하늘이 파랗다
곱분이가 웃는다

계백도 그 누구도 나는 모른다

김유신도 그 누구도 나는 모른다

악마야 놀자

가슴과 가슴에
의심이라는 씨앗을 심어놓고
영혼과 영혼에
허망이라는 커다란 구멍을 뚫어놓고
악마는 악마처럼 웃는다.

악마는 주로 빨강 옷을 입고 있어서
눈에 잘 띄지만
악마와의 만남은 매번
결과적이다.

악마는 자주 승리하기도 하지만
언제나 승리하지는 못한다.
이길 수 있다는 확신이 있을 때에만
얼굴을 드러내는, 악마에겐
치명적인 약점이 있기 때문이다.
믿음이 없기 때문이다.

가슴과 가슴에 믿음이 있고

영혼과 영혼에 우리만의 확신이 있을 때,
악마를 악마라 부르고
앙마라 써 보자.
앙마
앙
마
귀여운
앙
마.

갖고 놀자.

선생님을 교육시켜야 한다

내 뜰의 장미가 시들자
세상의 모든 장미가 시들었다.
어른들이 있었지만, 장미가 시들은 이유를
아무도 가르쳐주지 않았다.

어른이면서 어른이 아닌 어른에게
회초리를 들어야 한다.
어른들을 교육시킬
선생님이 필요하다.

선생님을 교육시켜야 한다.
선생님을 교육시킬 선생님이 있어야 한다.
선생님을 교육시킬 선생님이 되어야 한다.

선생님이 되어서, 북을 치고
나팔을 불어야 한다. 개나리는 노랗게
하늘은 파랗게 색칠해야 한다.
곧 죽어도 해는 빨강이어야 한다.

동쪽에서 해가 떴는데
서쪽 기슭의 나팔꽃이 피었다.
내 뜰의 나팔꽃도 피었다.
세상의 모든 나팔꽃이 피었다.

병사여

병사여, 하늘을 보자

너무 낡은, 너무 익숙한, 너무 서러운,
참을 수 없는 학생부군신위!

꽃 피기 전에 줄기가 꺾인 것은
간밤의 비바람이 거세서가 아닌
간밤의 줄기가 약해서이기 때문이다

병사여, 별을 쳐다보자

이대로 살(죽을) 수는 없다는 생각이 때로
인생의 결을 바꾼다

존재하면서 꿈꾸지 않았던 병사여,
하늘을 보고 별을 봤다면
너는 이제 병사이면서 병사가 아니다

하늘을 보자

별을 쳐다보자
아직은 병사여

소리의 벽화

무성한 잎사귀가 새들을 간지르고
남아있는 종소리 아직도 창창하다

상한 바나나껍질
먹다 남은 빵 부스러기하나 없는데
어쩌자고 초파리는 내 주위로 모여드는가

가을이야 오겠지만, 사과알 아직 푸르를 때
어쩌자고 국화는 가지 끝마다 봉오리 맺혀 달려만 가는지
묻지 못했다 그때
너는 왜 내 곁을 떠나야만 했는지
해 뜨는 언덕 너머 무엇이 있었는지

애초에 잘못이라는 말이 생기게 된 유래에 대해서
거짓이라는 말이 생기게 된 내력에 대해서
말을 해야 하는데

먼저 핀 몇 송이 코스모스, 한들한들 팔랑이지만
부지런 떤 귀뚜리도 울지 않는다

끝끝내 동쪽을 바라보기가 싫어서
죽어버린 사람의 이야기를
남겨야 하는데

소크라테스에게는 운전 면허증이 없었다고
외치기라도 해야 하는데

겨울이야 오겠지만, 첫눈도 오기 전에 어쩌자고
있는지도 몰랐던 눈꺼풀이 바위보다 무거운가

하늘 보고 누웠는데 하늘이 뵈지 않고
너의 발소리 남아 있는 종소리
소리의 벽화가 되어
어둠에 묻힌다

간극

산은 깎여 낮아지고
바다는 메워져 바닥을 높인다

맵지 않은 고추
시지 않은 살구

남자 머리는 여자가 깎고
여자 머리는 남자가 다듬고

뒤죽박죽인 듯 아닌 듯
세상의 모든 것들이 서로 가까워지는데

어째서 신은 한 계단도
내려오지 않는가

어째서 인간은 한 계단도
올라가지 못하는가

원망하고, 원망하라

원망하라!
국가와 사회 개 같은 세상,
부모와 형제, 임과 벗과 선배 후배를
원망하라 엿 같은 세상,
종교와 선생님과 비밀번호를
책임과 무책임을 원망하라 더러운 세상,
별과 달과 눈과 비를, 망치 소리와
아이의 눈물과 시간표를 미래의 꿈마저
원망하라 토할 것 같은 세상,
세상을 세상의 모든 것을 원망하고 원망하라
단, 스무 살까지만.

내일 나는 말하지 못했다

하루살이의 뱃속이면 어떻고 독도새우의 한쪽 눈깔 속이면 어떤가 달팽이의 살갗이면 어떻고 파리의 똥구멍 속이면 또 어떤가

파리 똥구멍 속에는 개선문이 있다 에펠탑이 보이고 자유의 여신상이 만리장성이 보이고 서울타워가 보이고 거울 속에 비친 내 얼굴이 보인다

파리 똥구멍 속에서 폭죽이 터지고 파도가 일렁이고 꽃이 피고 벌나비가 춤춘다 미라가 발견되고 수많은 오류와 모순이 부딪치고 46억 년이 흐르고 포옹하고 외면하고 눈물이라는 염분이 생성되기도 한다

젊은이들의 치기가 넘쳐나는 대학로 옛 샘터 건물의 겨울을 이겨내고 이겨내기를 수십 년을 이겨낸 담쟁이넝쿨이 올봄에도 푸르를 때 희한도 하지, 가위도 많고 도끼도 많고 라이터도 많은데 아직도 푸르른지, 훼손과 파괴의 본능이 똥구멍 속에 가득 넘치는데 천 년의 향나무가 에펠탑이 자유의 여신상이 만리장성이 서울타워가 담쟁이넝쿨이 오늘도 서 있다 살아 있다 기다리고 있다 파멸의 날을

어떠한 사연과 진리도 결국은 불쑥 튀어나온 것과 움푹 들어간 것들

의 조화로운 풍경일 뿐이라며 거울 속의 나는 입을 닥치는데 에베레스트를 희망봉을 백두산을 모든 수컷들의 튀어나온 성기들을 튀어나온 모든 것들을 싹둑싹둑 베어다가 바다를 메꾸면 움푹 들어간 구멍을 메꾸면 파리 똥구멍 속의 지구는 평평해지려나 중력과 인력을 잃은 달은 누구의 호주머니로 굴러떨어질까 백억 광년 떨어진 곳에서 평평해진 지구를 보면 네모일까 절벽일까 점일까 파리 똥구멍은 한두 개가 아니고 닭 똥구멍도 있고 소 돼지 똥구멍도 있는데 거울은 깨지고 내일 나는 말하지 못했다

희한하지, 파리 똥구멍이 움찔, 움찔할 때마다 지진이 나고 해일이 일 때 눈이 안 보여 안경을 썼는데 벗은 안경알의 먼지와 얼룩이 잘만 보이고 파리 똥구멍 속에서 내일 나는 말하지 못했다 길을 잃지 마세요 길은 많아요 그래서 길이 없어요 을지문덕인지 엄지공주인가가 말을 걸어왔지만

내일 나는 말하지 못했다

우리는

동그라미 그려 놓고

동그라미

안에서

손짓도 하지 않고 오라고 하네
부르지도 않으면서 대답하라 하네

슬픔 혹은 분노의 눈빛으로
희망 혹은 체념의 몸짓으로

부질없이

우리는 2

서로의 가슴에
꽃이 되자고
말하지 말자
저기 오는 누군가의 몫으로
고이 남겨 두고
오직 한 송이의 꽃을
함께 바라보자
내 가슴의 꽃은
없어도 그만이다

서로의 가슴에
등불이 되자고
말하지 말자
저기 가는 누군가의 몫으로
고이 남겨 두고
오직 한 개의 등불로
두 사람의 그림자를 환히 밝히자
네 가슴의 등불은
없어도 그만이다

길

그들이 말했다 가면 안 된다고
그렇게 하면 안 된다고
그 길로 가면 안 된다고
열 사람이 갔고 백 사람 천 사람이 갔지만
이르지 못했다고
백 년 전에도 천 년 전에도
누군가가 출발했지만 도착은 없었다고
다정에 기대어 임과 벗도 길을 막았다

가지 마라
그 길은 길이 아니다 예정된 파멸의 길이고
패배자의 길이다
낯선 이도 길 위에서 길을 막았다 하지만
태초엔 모든 것이 처음이었고
처음엔 누구나 타인이었다
강요된 침묵의 벽을 깨뜨리기 위하여
누군가는 출발해야 했다
누군가는 시작해야 했다
나는 머무를 수가 없었다

인류 최대의 적은 자아의 복종이다
모든 확신범들의 이마에 세상에서 가장 큰
대못을 박아주고 싶었다 변명의 갑옷으로 무장한
자아들을 단칼에 베어버리고 싶었다

베토벤은 절벽인가
다빈치는 잡스는 미국은 절벽인가
나는 인정할 수 없었다
석가 공자 예수 그들은 절벽인가
뛰어넘을 수 없는 절벽인가
나는 수긍할 수 없었다

나는 길을 떠났다
상식과 질서와 지금까지 이어져 왔던
길을 버리고 길을 찾아서
도시의 선과 국경의 선과 남아있는
그들 마음의 선을 깔아뭉개며
한 걸음 더 나아갔다

도착은 없었다 없었고
아득하고 아득했다 하지만
나는 머물지 않았다
면역된 짐승들의 눈빛들을 잊을 수가 없었다

또 하나의 언덕을 넘는다
태양이 떠오른다
나는……

존재했던가!

나 떠날 때

나 떠날 때
존중하지 말 것
배려하지 말 것
일말의 감상도 갖지 말 것
나를 위하여 단 한 송이의 꽃도 꺾지 말 것

세상아,
지금처럼!

양들은 진화하지 않는다, 민중처럼

상대방이 시원할까 봐 여름엔 붙어서 살고
상대방이 따뜻할까 봐 겨울엔 떨어져서 지내는
질투 많은 짐승.
살려져 있는 것들의 하나 남은 무기는 질투였다.

양들은 송곳니가 자라지 않는다.
발톱을 뾰쪽하게 깎을 줄도 모른다.
몇천 년이 지나고
몇천 마리가 모여 있어도
겨우 몇 마리의 늑대에게 쫓기어 다닌다.
아버지가 새끼가 친구가 잡아먹혀도
나는 살아 있다!
산 너머 물 건너 힐끗 한번 보고는
어제처럼 내일처럼
풀을 뜯는다.

가뭄 끝에 비가 오면 가뭄을 잊고
장마 끝에 해가 뜨면 장마를 잊고
여름엔 덥다고 짜증 내고

겨울엔 춥다고 투정한다.

강 건너 높은 산들은 열 배 백 배 끝없이 펼쳐졌지만
낮은 산 낮은 계곡 그 중에서
그중에서 가장 높이 오르려는 몇 놈이
피 터지게 싸움을 하고 나머지는
무관심이다, 풀을 뜯는다.

산 너머 넓은 들판은 열 배 백 배 끝없이 펼쳐졌지만
강 건너지 않고 산 넘지 않아 좁은 땅
그중 힘 센 몇 놈이, 절반은 내 땅 하면서
말뚝을 박지만, 그러려니 한다.
풀이 부족할 땐 뿌리까지 파먹으면서.

양들은 진화하지 않는다, 민중처럼.

오류

눈 한 번 깜박, 했다
세상은 변하지 않았다

손 한 번 까딱, 했다
역사는 바뀌지 않았다

산 앞에서 산 너머를 보고
바다 앞에서 바다 건너를 봐도

연필이 나오기 전에
지우개부터 만들었으니!

산 앞에서 바다 앞에서
눈 한번 깜박 손 한번 까딱

오늘이 지난 후에
내일은 온다

만 개의 지우개,

오류는 있어도 배신은 없다

심판

이 세상에 없는
사각형동그라미는
어디에 있습니까?

바늘이 왼쪽으로 도는 시계는
누구의 가슴에 매달려
똑딱이고 있습니까?

동쪽과 서쪽은
영원한 동쪽과 서쪽

하느님,
당신의 관리자는 어찌
게으름만 피웁니까?

염라대왕님,
당신의 임기는
언제 끝이 나는 겁니까?

나의 심판은
내가 하렵니다!

나는 나를 심판하는
유일한 심판관

거부의 몸짓으로 내가 나를 심판하자
거기에 우뚝우뚝
빛이 있었습니다

유과

돈 그까짓 거, 맘만 먹으면 벌 수 있다고 장담했네
인생 그까짓 거, 아무것도 아니라고 생각했지
슬금슬금 웃기도 했네
역사에 설마 금 하나 못 그으랴 싶었지
역사에 설마 실금 하나 못 그으랴 했었네

겨우 유과 하나 먹었을 뿐인데, 식도가 좁아졌다는 생각을 미처 하지 못했다 네 번째인가의 임플란트가 잘못되어 윗니 아랫니가 제 기능이 아니라는 걸 깜빡했어 물을 먹어도 가슴을 두드려도 식도에 뭉툭한 무언가가 걸려 도무지 내려가질 않네 세월의 덩어리인가 인생의 찌꺼기인가

사알살 걸었는데, 많이 왔네
허긴 본전은 살았지 살았다고 할 수 있지 그렇잖은가?
언젠가부터
누구보다 천천히 걸었지만 누구보다 먼저 도착했고
가장 늦게 우산을 펼쳤어도 가장 비를 덜 맞았지

까짓, 역사에 실금하나 보태는 일

많이 늦었지만 아주 늦은 것은 아닐지도 몰라
그렇게 말하고 싶었네
그렇게 생각하고 싶었지

하지만 세월은 내게서
유과 하나 삼킬 힘마저 빼앗아 가버렸네 그려

안부

드디어 우유와 부단이라는 놈들과 작별을 했어.

나? 잘 있지. 새로 사귄 무위와 도식이 들과 잘 지내. 쥐 소금 먹듯 야금, 야금야금 오늘을 먹어도 내일이 바락바락 달려들었어. 쓰잘데기없이 아침은 밝아 오고.

글쎄. 산다는 게, 신령님과 아버지 어머니가 내게 준 보석들을 세상의 쓰레기들과 섞어버린 놀이더라고. 보석과 쓰레기를 섞고 보니 보석은 보이지 않고 전부가 쓰레기야.

말해 봐. 쓰레기뿐인 이 세상에서 내가 아침에 일찍 일어나야 할 한 가지 이유라도. 아니면, 내가 땀 흘리며 뛰어야 할 한 가지 이유라도.

참고로 말하자면 우리 동네엔 호랑이가 없어.

나? 잘 있어, 암.

자아알 지내지.

조금 큰 것에 대하여

가벼움이 없으면 어찌 무거움이 있을까.

많다는 것은 적은 것이 있어서 많은 것이고
느림이 없다면 빠름도 있을 수 없지.

큰 것은 작은 것이 있기 때문에 큰 것이고
작은 것은 큰 것이 있기 때문에 작은 것이다.

우주의 끝까지, 우주의 팽창 속도보다 더 빠르게, 직선으로만 날아가는 창을 던져 보자.

우주의 끝은 끈끈한 유기물질이 끝없이 이어져서 영원히 뚫을 수 없다는 가설은, 영원히 뚜껑을 열 수 없어서 드럼통 속의 세상이 우주의 전부라고 생각하는 개미들의 생각처럼, 그것은 당신들의 무지이자 농담.

나는 온 우주를 능히 한 손으로 들 수 있음. 눈썹 위에 올려놓을 수도 있지만 하나 마나 한 일이라서 자주 시도하지는 않음. 나는 조금 크지만 나 같은 자는 수도 없이 많음. 디딤돌은 튼튼하고, 우리도 누군가의 눈썹 위에 올려져 있음.

짜장, 바야흐로 창은 우주의 껍질을 뚫고 밖으로 나왔음. 창끝에 조금 아주 조금 묻은 햇볕 부스러기와 산소 때문에 그곳 동네에 전염병이 돌았다고 하는데, 지구인들에게 그 소식이 전해지지는 않음.

허긴, 많다 적다 가볍다 무겁다 빠르다 느리다 크다 작다는 것은, 있다 없다 그다음의 것이긴 하지. 안다 모른다는 그 다음다음의 것이고.

공원 벤치에서 키스를 하며 지는 벚꽃 너머 저어기를 보는 청춘 남녀는, 이미 시작된 이별처럼 조금 큰 것에 대하여 전혀 관심 없었지. 벚꽃나무 아래에서 조금 작은 다람쥐 한 마리가 빼꼼히 쳐다보는 줄도 모르고, 키스에 열중이었지. 키스할 때 눈 뜨고 있었음이 발각되어 한동안 티격태격했지만, 벤치가 있었고 두 사람이 있었고 나는 없었지.

42년 만에 미치다

42년 만에 미쳤다.
미쳤는데,
1년간만 미쳐야 한다는 사실에
돌아버릴 것 같았다.

반쯤 돌아버린 상태로 근근이 버티다가
겨우 아내의 허락을 받아서
완전히 돌아버리기로 했다. 단
1년간만 한시적으로.

스무 살 무렵에
신춘문예 당선 소감을 5편씩 써 놓기도 했지만,
완전히 미쳐버리지 못한 후유증으로
42년간 반쯤 정신 줄을 놓고 지내야 했다.

까짓 돈, 펑펑 쓰게 만들어 줄 테니 여보,
이제 1년간만 나를 좀 미치게 해 줘.
대신, 1년이 지난 후에도 성과가 없으면
온전한 정신으로 붕어빵 장사라도 할게.

그러하였다. 이제 아내의 허락도 받았으니
그동안 쌓아놓은 내공으로 하고 싶은 말
펑펑 써대기만 하면 명작이 되는 거다. 42년간
봐 왔던 작품들이 좀 가소로웠던가! 흠흠.

컴퓨터는 젬병이라, 보관하고 있던
만년필 뚜껑을 열었다. 하지만
오랫동안 쓰지 않던 만년필은 잉크가 나오지 않았고
만년필을 고치느라 하고 싶은 말들 다 잊어버리고 말았다.

미친놈처럼, 미친놈처럼! 머리띠를 둘렀지만
완전히 미치지 못한 채 금방 6개월 10개월이 지나갔다.
그렇잖아도 사업 수완은 영 없었는데 천생
붕어빵 장사를 해야 된단 말이냐,

말이냐. 이놈의 여편네 때문에! 애꿎은
아내의 머리채라도 잡아 뜯고 싶었어. 아니아니
안아주고 싶었어. 광야를 헤매는 리어왕의
행색으로 30일 또 30일을 하하, 보내버리고

42년 만에 미쳤다.

미쳤는데, 결국 반쯤밖에 미치지 못한 채로

미쳐버렸다와 돌아버렸다의 차이점에 대해서

곰곰 생각해 본다, 아내의 등 뒤에 숨어서.

2부

봄 4

백화만발

가지마다 흠뻑
마디마다 가득

뿌리에서부터 터져 나온
백만 송이의 탄식

슬픈 세레나데의
, 숨 막힘

어느 봄날

어느 봄날,
가을의 눈동자를 갖고서
그가 내게로 왔다

꽃을 보고 웃었다
새를 보고도 웃었지
들판에 누워 풀피리 불었네

몰래 숨어 기도했네
어느 가을
두 사람의 눈동자에 봄날이 담기기를

뿌리에 가을이 깊었는데
속절없이 잎사귀만 만지작거렸네
가을의 눈동자는 자작나무 숲으로 사라져버렸고

어느 봄날,
내 눈에도 가을이 흠뻑
담겨 있었네

동백꽃 한 잎 떨구듯이

동백섬의 동백꽃은
폈느냐 졌느냐

절창을 부르고픈 이의 목구멍에선
피가 터지는데

누구는 돼지우리 옆에서
따로 노래 부르고

누구는 야유회 가느라
나룻배에 올랐다

꽃대궐 텅 빈 객석
노을이 조명 밝힐 때

사뿐, 늙은 나비 한 마리가
남쪽 날개를 벗어 덮는다,

어쩌면 절창의 피맺힌 상처에

동백꽃 한 잎 떨구듯이

익숙한 풍경

푸르름을 뚫고 나온 온갖 색들이
저만의 향기 뿜어 봄을 데우고

탱자나무 그늘에선 가글가글
비비새 알들의 기지개가 숨찼다

우리만이 서로가 서로의 가시가 되어
탱자나무 하얀 꽃을 떨어지게 했다

비비새 파란 알들 파란 하늘 속으로 몸을 숨겼지만
야속하게도 그것은 익숙한 풍경이었다

나의 부재가 네게 익숙함이 될 때쯤
너는 비비새 빈 둥지도 탱자나무 하얀 꽃도 꼭 잊어라!

너의 부재가 내게 익숙함이 될 때쯤
나는 탱자나무 가시로 나의 심장을 찌르리라

여행

나오지 않은 오줌을 눕니다. 나오려는 오줌을 참습니다. 나오지 않은 똥을 싸느라 끙끙대고 나오려는 똥을 참느라 낑낑댑니다. 휴게소는 늘 너무 가깝게 있든가 멀리에 있었습니다.

따뜻할까 싶어 달의 뒤편으로 여행을 갔습니다. 그런데 그곳까지 마눌이 쫓아왔습니다. 눈깔, 목소리. 틀림없는 마눌이었습니다. 마눌은 세월이라는 놈을 데리고 왔습니다. 달의 뒤편에서도 외투를 껴입어야 했습니다.

시원할까 싶어 태양의 뒤편으로 여행을 갔습니다. 그래도 마음이 편한 적은 없습니다. 마눌은 금방 나를 찾아낼 겁니다. 소문에는, 마눌이 이번에 인과라는 놈까지 대동을 한 모양입니다. 태양의 그림자에 숨어서도 식은땀을 흘렸습니다.

내가 나다움을 모두 내려놓자 비로소 여행이 끝납니다. 마눌이 웃습니다. 나의 나다움은 나만 두고 숨어버렸습니다. 나는 태양의 뒷골목을 서성입니다. 깜깜한 곳을 찾아서 헤매입니다.

무한소

영혼의 무게가 21그램이라면 의지의 무게는 몇 그램이나 될까
신작로의 질경이가 내지르는 비명을 들었는가, 지렁이의 하품 소리를 들었는가
저 라일락 향기 속에 공자나 소크라테스 세종대왕의 방귀 성분이 아주 조금도 섞여 있지 않다고 단정지을 수 있는가

내 마음 이리도 애틋한 것이 아직도 쟁쟁한 너의 흐느낌이었음을! 그때 흘린 너의 눈물이 지금 부는 바람에 섞여 있지 않다면 내 눈에서 눈물이 날 리가 없다, 없다

저 피어나는 꽃들의 생성과 소멸이, 너와 나의 웃음과 입맞춤 또는 안타까움의 발 동동 구르던 진동과 파장과는 정말 아무런 관련이 없다는 말인가

조금 큰 막대 저울의 중심축이 삼라만상의 절반씩을 정확하게 좌우에 얹고 있다고 가정하자-가정이 진실이 아니라는 법도 없다-그 막대 저울의 좌 또는 우에 1피코그램의 나의 의지를 얹는다면 삼라만상의 균형이 무너져버리는 게 아닐까

그렇다면 무너져라, 붕괴의 폐허 위에 새 무지개가 뜨든 말든 종달새가 날든 말든 희미해져 가는 너의 모습 어떡하란 말이냐 차라리 무너져 버려라 나는 지구의 껍질 위에서 우주의 중심을 하앙해 소리 지른다 들어다오 들어다오 너의 이름을 불러 본다

소름

당신들은 춤을 춘다 음악이 있으면
조명과 분위기가 있으면 우아하게
음악과 조명이 없어도 때로 엉덩이를 씰룩
씰룩거리며

왜 춤을 추는지 예쁘기도 때로
하는데 왜 몸을 움직여야 하는지 우습기도 때로
하는데 이해가 안 되지만 나는
느긋하다 느긋하게 당신들의 춤을 구경하며
웃는다 구경꾼을 구경하며
방관자를 방관한다
흐흐, 웃는다 그때

내 등 뒤에서 웃음소리가,
정말 웃음소리일까?
들린다 목에 비수를 들이대듯이 살며시
젖가슴을 애무하는 혀처럼
부드럽게 내 등 뒤에서
또 누가

소름 2

햇볕에 달궈진 쇠줄, 비어있는
찌그러진 양은 밥그릇
묶여있는 개 한 마리 혀 빼물고 있었다
찢어진 코카콜라 파라솔 아래
넓어야 두 평인데, 영역표시를 하는 건지
곳곳에 오줌을 찔끔거리며 맴을 돈다
가까이 다가가자 놈은 이빨을 드러내며
으르렁거리더군, 묶여있는 주제에
허어! 어이없어 웃는다 그때

내 등 뒤에서 웃음소리가,
정말 웃음소리일까?
들린다 목에 비수를 들이대듯이 살며시
네 놈은 저놈과 뭐가 달라?
묻는 것도 같았고 내 등 뒤에서
또 누가

꽃비가 내리는 날

꽃이 피었다
그녀는 웃지 않았다

꽃비가 내리는 날
10여 미터 앞에 그녀가 걷고 있었다
멀어지지도 가까워지지도 않고
일정한 거리를

엘리베이터 문이 열렸다
엘리베이터 문이 닫혔다
그녀는 돌아보지 않았다
나는 부르지 않았다

도시에의 꿈을 접은 나비는
아파트 외벽에서 날개를 떨어뜨리고

15층에 머물렀던 엘리베이터가
내 앞에 선다
엘리베이터 문이 열린다

잠시 뒤돌아본다

하늘과 땅 곳곳에
무심한 꽃비가 내린다
봄은 등 뒤에서 쳐다만 본 체
엘리베이터에 오르지 않는데

15층 버튼을 누른다 어제처럼,
어제처럼 거울 속에서
웃지 않는 한 남자가
나를 보고 서 있다

자두

…이등박문이 없다고 안중근도 없는가? 언제까지 이봉창이냐 아직도 윤봉길이냐! 누란이 아니어서 의사가 없는가? 살 만한 세상이라서 의인은 오지 않는가! 하핫, 좋은 말이야 친구, 하고 싶은 말이었어 친구, 듣고 싶은 말이었어 친구. 우리를 보자 잠시 말을 멈췄던 남자가 다시 소리쳤다. 에잇, 씨발. 전두환이가 늙어서 죽는대잖아! 최순실 윤창중이가 낄낄거리며 웃는대잖아! 씨발, 을이라는 놈, 누명까지 써놓고 병이 들어 죽는대잖아, 말이 돼? 말이 된다고 생각하냐고? 자, 진정하시고, 신고한 사람이 당신인가요? 우리들 중 한 명이 죽어있는, 죽은 것이 확실해 보이는 여자를 가리켰다. 남자가 삿대질하던 팔을 내려 TV를 껐다. 자이언트가 타이거즈를 5대1로 이기고 있었다. 7회인지 8회인지는 알 수 없었다. 갑자기 빗소리가 크게 들려왔다. 세 번을 말했어요. 남자가 말했다. 여자의 억양을 흉내 낼 때는 영 아니었지만 진정은 찾은 것 같았다. 아, 당신은 자두를 싫어하잖아요? 아니, 가끔 먹기도 해. 그것보다 비를 맞았어. 수건 좀? 수우건? 친구가 사줬어. 비가 오니 떨이한다고, 한 봉지에 오천 원이래. 두 개에 오천 원짜리라면 몰라도 이 쪼그만 걸 누가 먹어요! 당신도 알지? 그 친구, 오래된 친구야. 옛날엔 함께 시위도 자주 했었지. 그 친구가 사 준 거야. 지도 한 봉지 싸 들고 갔고. 당신 혼자 다 먹어욧! 아내가 말하며 까만 봉지를 내게 밀었어요. 거칠게, 한쪽 발로! 까만 봉지에서 몇 개인가의 자두들이 굴러 나왔죠. 그중

한 개 집어 들고 한입 먹어봤죠. 물컹, 하니 아주 맛이 없었어요. 뱉고 싶었죠. 삼켰어요. 그래도 친구가 사 준 거야. 아내는 말을 삼키지 않았어요. 도로 돌려 줘버려요, 갖다 버리든지. 친구? 친구 좋아하네. 가난뱅이, 주정뱅이 어쩌고... 자두 봉지를 그녀에게 던졌어요. 힘껏, 아주 힘껏. 얼굴에 맞지는 않았어요. 봉지가 터지면서 자두가 쏟아졌고 그걸 밟고 미끄러진 거예요. 그것뿐이에요. TV 식탁 모서리에 머리를 부딪친 거죠. 그게 다예요. 에잇, 씨발. 나더러 어쩌라고! 천둥이 울렸지만 밝은 전깃불 아래 번개는 없었다. 술 냄새는 아까부터 진동했고, 열려 있는 방문으로 들어온 바람에, 반쯤 자두가 들어있는 까만 봉지의 주둥이가 펄럭이는 것도 같았다. 이등박문이 없다고 안중근도 없는가! 다시 소리치다가, 에잇, 씨발, 에잇! 남자가 중얼거리듯 욕을 하며 머리카락을 쥐뜯었고, 우리들 중 한 명이 천천히 그에게 다가갔다.

어떡할 테냐!

너의 심기를 건드릴까 봐
눈 내리깔고
옆구리에 바보를 매단 채
좁고 어두운 샛길로만 다녔다
바람에 야위어 홀쭉해진 영혼에게
세상의 모든 외투는 헐렁했다
달콤한 기다림도 앵두나무도
실개천의 푸른 용의 전설도
연기처럼 모두 사라지고 말았다

너 지금도 지켜보고 있느냐, 있겠지
멱살을 잡고서
있는 힘껏 너의 뺨을 후려치겠다

묻자 운명아, 이제 너는 어떡할 테냐!

슴베[*]

존재하면서도 보이지 않는
이별

보이지 않아도 존재하는
고독

있어야 없는,
없어야 있는,

세상은 컬러로 뛈박질인데
이미 쥐어진 백기를 들고서

허리를 펴지도
구부리지도 못한 채

슴베,
슴베처럼

* 칼, 호미, 괭이 등의 자루 속에 들어가 있는 부분

슴베 2

민들레 씨앗 하나가
뻐꾸기 울음 등에 업고
기웃기웃 걸어와 문 두드리네

아무리 홀쭉해진 기다림도
틈이 없어 숨 쉴 수 없는 곳,
내 방 어디에도 머물 영토 없는데

그래도 쉬었다 가렴
뻐꾸기 울음일랑 내게 맡기고
잠시 와서 등이나 좀 기댔다 가렴

틈 찾아서 너는 곧 떠나겠지만
너의 온기 조금이야 남기기는 하겠지
세상 얘기 조금이야 흘리기는 하겠지

뻐꾸기 울음 등에 업고 누가 또 오려나
큰울음도 문밖에서 맴돌다가 가지만
뉘라도 찾아와서 쉬었다 가렴

아무리 홀쭉해진 그리움도
틈이 없어 포옹할 수 없는,
나는

슴베

철 좀 드세요 어머니

나이가 어려서 바늘귀도 못 보시나요
나이가 적어서 뜀박질도 못 하시나요

똥 친 막대기 치우듯 그리 치워질 거에요
그리 버려질 거에요 어머니
세상의 많고 많은 어머니 중의 한 명일 뿐인 어머니,
내가 죽어 그리될 터이듯
똥 친 막대기 치우듯 그리 버려진다고
타박 마오 원망 마오 하소연 하지 마오
백 살은 채워야 철드나요
육십 넘어서부터 너무 오래 살아버린 어머니!

이제 오나 저제 오나 문기둥 붙들고
기다리지 마세요
어디니 뭐하니 전화하지 마세요
이리 와라 저리 가라 당부하지 마세요
강아지 밥도 줘야 하고 해외여행도 가야 하고
연애질도 해야잖아요

시집간 누구는 애 안 생겼니?
둘째 손주 직장은 잡았고?
기억력도 좋으시네, 하지만 관심 갖지 마세요
드리는 밥 잘 드시고 티브이나 보면서
그냥 사세요 어머니
아들 손자 며느리 모두가 원하잖아요
언제 철드실래요 어머니!

무엇이 옳고 그른지 판단하지 마세요
주장하지 마세요 세상은
저만큼 굴러가는데 당신의 의견이 필요한 곳은
아무 데도 없답니다

왜 이렇게 삭신이 쑤시는지 모르겠다
약도 소용없어, 허릴 펼 수가 없구나
죽으면, 죽으면 숨이 막혀 어떻게 살랑가 몰라
하면서 엄살 좀 그만 부리세요 다
그런대요 그 나이엔
짜다 맵다 말도 마시고 철 좀 드세요 어머니!

비가 오든 눈이 오든 신경 쓰지 마세요
병원입네 시장입네 눈독 들이지 마세요
똥 친 막대기 치우듯 치워질 터인데
휠체어에 당신 모시고
당뇨 통풍으로 지팡이 짚은 아들이 길에 나서면
사람들은 말하지요, 철 좀 들어 할망구야!

그러니까
울지 마세요, 그 나이에 무슨 눈물이 남았나요
웃지 마세요, 그 나이에 웃을 일이 뭐 있나요
무어가 볼 게 있다고 창밖을 보려 하나요
아, 이제 그만 죽으세요! 다시 젊어지시든지
이왕이면 설 추석 피하고 춥도 덥도 않은 날에
이제 그만 죽으세요! 다시 건강해지시든지

철 없으신 어머니
겨울엔 춥다 하고 여름엔 덥다면서
사랑을 확인하려 하지 마세요
가슴 속의 심장은 확인하지 않아도 잘 있고요

대통령도 옆집 강아지 메리도 잘 있답니다
염려 마세요 어머니

하지만 흘릴 눈물이 말라 가요
내 눈물이 다 마르기 전에
이제 그만 죽으세요, 아니면 제발
철 좀 드세요 어머니!

사랑해요,

어머니

모르고, 모르지

죽기 전에 하고픈 말 몇 가지 중에
송도삼절 이야기도 있어
말을 안 해서 그렇지
내 생각엔 말야 황진이와
송도 무지렁이들의 착각이 있었다는 거지

지족선사는 날마다 도만 닦다가 진이를 만났고
서경덕이는, 혼자 마음으로 간음했든
다른 이유가 되었든 어쨌든
몇 번의 사랑을 한 직후에 진이를 만난 거야
진이 엉덩이를 감당할 형편이 아니었지

거 누구야,
사마천이 반쯤 벗은 황진이를 봤다고
사기 저작을 멈췄겠어?

속도 모르고 황진이랑 몇몇이
추켜세웠겠지, 속도 모르고
진이와 다음 약속을 하면

경덕이가 그 전날 어떡했겠어

내가 어떻게 아느냐고?
안 봤으니 모르고, 모르지 다만
서경덕인 나와 딱 닮았을 것 같더라구

입 밖에 내지 못해서 그렇지
속으로야
왕비님의 다리속곳을 못 더듬을까

세상의 절반

항상 열려있던 오른쪽 창문을 닫고 왼쪽 창문을 열었다.

세상의 절반이 바뀌었다.

잠

아침 되어
생각나면 될 것이고
생각나지 않으면
말 것이다

섬광처럼 떠올랐던 천하절창!
잠은
절창보다 힘이 세다

역사는 늘 그러했듯이
잠 속으로 스며들어버리고
하나의 세상이 또
사라진다

의미는 의미 없음이 되어
사 라 진 다
꿈속에서 꿈을 기록하듯
허망하게

방

내 방 하나 갖기 위해 꿈을 꾸었지. 유람선이나 갈매기는 안 보여도 되었네. 멀리 남산이 보이는, 커다란 창이 있는 그런 방 말이야. 하지만, 몇 가지의 시험과 자격증이 필요했고 술이 있었네, 친구도 많았지. 창문은 작아도 되었네. 아니 없어도 무방했어. 그저 큰 책장이 있는 내 방 하나 갖고 싶어 땀을 흘렸네. 하지만 알다시피 올림픽이 있었고 월드컵이 있었네. 야구도 바둑도 무시할 수 없었고. 책장은 없어도 좋았네. 그저 침대 하나 달랑 있는 그런 방도 괜찮았지. 하지만 대통령 국회의원 선거가 있었고 나는 결혼을 했네. 아이도 생겼어. 영화를 봐야 했고 외식도 바캉스도 늘 나를 붙들었지. 꼭 침대가 있어야 하는 것도 아니었네. 내 방에서 조용히 블랙커피 한 잔을 먹을 수 있다면! 하지만, 내 방 하나 갖지 못한 채 세월을 다 써버리고 말았다네.

바로 얼마 전 내 방이 생기긴 했지. 아옹다옹 살던 아내가 짐 챙겨서 영영 집을 나선 후였어. 좋아할 수는 없었네. 웃을 수가 없었어. 방. 거기 나는 없었네. 뎅그러니 나 없는 방 하나만 남겨져 있었지.

초인

음모 배신 복종 앎 애정과 증오…
가변성까지 스캔 한 번으로
사람 머릿속 모든 것을 한순간에 읽고
너는 당연하다는 듯 무덤덤하다

우주 원자의 수보다 많다는
바둑의 경우의 수를 단번에 격파해버린 알파고,
그 알파고를 이기는 알파고—를 이기는
알파고 또한 머잖아 유물이 되어버릴 거고,

멈춤은 없다 멈추지 않고,
기다리는 파국
파국 또한 예정된 한 수!

불의 발견과 바퀴의 발명이 그러했던 것처럼
오랜 시간이 아니겠지
오래 가진 못하리라 누군가의
깨달음이 파국의 재앙이 되기까지는

희로애락이 배제된 절대무심의 존재
누군가의 깨달음으로 만들어진
궁극의 초인, 무덤덤한 얼굴로
너는 어디쯤 오고 있느냐

종족 보존은 지금까지 잘 이루어졌다 너무 잘 이루어졌지만 뻐꾸기가 울고 모란이 지고 님이 아닌 남에게 가랑이 벌릴 준비나 하는 연인들의 천지에서 세상은 깔깔거리고 킬킬대다가 깜깜해져서 분노의 내 표정과 눈물과 떨리는 주먹이 보이지 않고 어제처럼 그제처럼 강물은 흘러만 가고 누군가의 깨달음은 제 갈 길로 도도히 이어져간다 존재는 존재 이후에도 존재하기야 하겠지만 종의 멸절은 깨달음의 부산물마저 파괴하고,

이 모든 것이 빅뱅 이전부터 정해진 수순이었다면

전원을 꺼라
커튼을 내려라 에디슨을 죽여라
아인슈타인을 죽여라
아아 존재 그 의미 없음을

실수로 한 개 더 얹어진 숟가락 같은
나를 삭제하라!

흔들리는 들국화나 새들의 날갯짓을
소멸시켜다오 우리가
단추보다 조금 크다는 것이 분란의
시작이더냐 작아지고
작아지고 얼마나 작아져야
너의 걸음이 멈추려느냐 하지만
필경 보고야 말, 네 실체가 보이기 전에
부디 나부터 삭제하라
삭제시켜다오 깨달음의 진실이여
파멸이여 초인이여!

책임

진달래꽃이 지는 것이
너 때문이 아니고

뻐꾸기 울음이 멈춘 것은
나 때문이 아니다.

하지만,

두 사람이 들고 있던 그릇이 깨진다면
두 사람의 책임이고

함께 있다 누군가가 먼저 등을 돌린다면
그것은 서로의 책임이다.

풍경 4

시간 내줘서 고맙네
역시 친구뿐일세

간이 크대
부었다는군
오래 살 거래, 석 달 이상은

싱겁게 먹고 물을 많이 마시래
만병의 근원이니까 스트레스받지 말고
술 담배는 당장 끊으라더군

잘하면 일 년 넘길 수도 있대
의사 말이니 모두 맞겠지?
그래도 한 잔 더 주게

싱겁게 먹고 물은 많이 마시라니,
밥을 적게 먹고 똥 많이 싸라 하지
에잇!
자네 혹시 담배 있나?

낙엽 지는 가을보다

낙엽 지는 가을보다
꽃잎 지는 봄날이
더 아픈 까닭은
화려한 여름날이 다시는
오지 않을 것을 알기 때문이다.

귀뚜라미는 가을에 울고
흰 눈은 겨울에 내리는데
꽃잎 다 지기도 전에
먼저 떠난 그대여!

낙엽 지는 가을보다
꽃잎 지는 봄날이
더 슬픈 까닭은
봄 속에 소복소복 가을이
꽃잎 되어 떨어지기 때문이다.

그럴 수만 있었다면

그 길이 옳은 길이든 틀린 길이든
갈 수 있는 길이든 갈 수 없는 길이든
아버지가 말하고 선생님이 말하면
따르면 되었다

스님이 말하고 목사가 말할 때
대통령이 말할 때
받아들이면 되었다 회의하고 좌절하고
반항하고 절망하고 하지 말고 그저
믿으면 되었다

마르크스가 옳았다 자본주의가 옳았다
민주주의의 다수결이 진리였다 그때그때
그렇게 생각하면 되었다

쉽게 이루어지는 것은 없었다
싸고 좋은 물건은 어디에도 없었다
대롱의 끝에 한 됫박의 물을 부으면
맞은편 대롱에서 그 이상이 나올 수는 없다

그는 그녀는 두 됫박 세 됫박의 물이 틀림없이
나온다고 목소리를 높였다 팔을 흔들었다
속고 속으며 일생을 보낸들 또 어떠랴

땀 흘리는 사람이 잘살고
성실한 사람이 성공한다는 말을
부지런한 새가 벌레를 잡는다는 말을
받아들이면 되었다

애인 하나쯤 없으면 팔불출이라는
유부남 유부녀의 틈에서 내 남편
내 아내는 절대 그럴 리 없고,
동창생 후배 들이 암으로 교통사고로
픽픽 쓰러져 가도 나는 괜찮다고
믿으면 되었다

강아지나 키우다가 삶을 마감해도 좋았다
그러다 강아지가 되어버려도 무방했다

태산이고 싶었다
티끌이고 싶었다
아아 나는 차라리 부질없고 싶었다

그럴 수만 있었다면!

알 수가 없다

그들의 획일성은
누구를 위한 잔치인가

자가용 뒷좌석에 앉아가는 사람에겐
운전면허증이 없어도
불편함이 없다

싸이의 말춤이 신나고 재밌다지만
누구나 그 춤을 따라서 추지는 않는다
세 살 어린애가
싸이를 알듯이 기하학도 안다면
퍽이야 좋겠지만

알 수가 없다
종로에서 외국인을 만나
외국어로 대화하지 못 하는 일이
왜 부끄러움이어야 하는가를

신부님이 라틴어를

의사가 독일어를 반드시
알아야 하는 것은 아니다
대통령이 아프리카 말을 모두 안다면
퍽이야 좋겠지만

알 수가 없다
전 국민이 어째서 프로이트를 알아야 하고
미적분을 이해해야 하는지

바둑판이 없는 곳에서 바둑 둘 줄 몰라도
흉이 아니고
무도장이 아닌 곳에서 춤이 서툴다 해도
웃음거리가 아니다

주방장이 아니어도 배부를 수 있고
오케스트라 지휘자가 아니어도
모차르트 베토벤을 들을 수가 있는데

알 수가 없다

성능 좋은 활을 만든 사람이
죽어있는 멧돼지를 만지지 못한다고
어째서 겁쟁이가 되어야 하는지를

그들의 획일성은
누구를 위한 번뇌인가

5월에 눈감다

돼지 속의 돼지로도 살 만했지
잡초 속의 잡초로도 견딜 만했어
인지하기 전까지는

모욕은 참을 수 있었다, 그러나
부끄러움을 어떡하랴!

모가지 내밀지 못하고 눈 반쯤 뜨고서
내밀지 못하고 모가지
눈 반쯤 감고서

눈부시어라 5월,
차마 볼 수 없어서
감긴 눈 영영 뜨지를 못했다

몇 개의 어금니를 더 썩혀야

편백나무 숲속에
편백나무 씨앗처럼
그대를 떨어뜨리고

장미의 한숨과
뻐꾸기의 울음을
함께 묻었다

내가 나를 묻을 수 없어 겨우
어금니 두엇 썩혀가며
길고 무더운 여름을 건넜네

눈 내리면 찾아오마,
귀뚜리는 짧게 울거라
가을은 금방금방 지나가거라

장미 우거져도 다시 오마,
십 년인들 길겠냐만 이제
나는 가야지, 발길을 돌리려는데

아문 상처 파 헤집고 고개 내민
뻐꾸기가 다시 운다
편백나무 숲에 갇힌 반달은
움직일 줄을 모르고

조개구이

1, 너무 먼 등대의 불빛
깔따구 악다구니 다리 저는 엿장수
헐벗은 아이들 혀빼문 개새끼들
한물간 유행가 그리고 비린내

비린내 나는 바다
비린내 나는 항구
그이가 있었다면 그 비린내를
용서할 수 있었을까

다시는 바다를 보지 않을 거다
등대의 불빛보다 먼
희미한 맹세

2, 바다가 보고 싶어
조개구이를 먹으며
여자가 말했다
거짓말이었다

바다에 가고 싶어
새 술병을 따면서
남자가 말했다
거짓말이었다

석쇠에 오르기 전 조개들은 입을 꼭
다물고 있었다 등대는 보이지 않고,
쌓여가는 조개껍데기 아래에서 짜디짠
바다가 눈물을 흘리고 있었다

낙태

간지럽더냐
봄날이 올 때

가소롭더냐
봄날이 갈 때

아이는 살아있는 채로
자궁에서 긁혀져 나왔다

존재는 죽었는데
처음부터 무덤은 없었다

커피나 한잔 마실까,
그 정도의 마음으로 살인을 하는

의사는 의사가 아니었다
에미애비는 에미애비가 아니었다

철딱서니 없는 짐승이었는지 모른다,

녹아내릴 간 쓸개도 없는

생명

공자님 말씀만으로는 부족했다
예수님 말씀만으로는 부족했고
기도만으로는 부족했다
빗물만으로는 부족했고
햇빛만으로도 부족했다
의지만으로는 부족했고
노력만으로도 부족했다
생명 하나가 파도를 넘어
뿌리를 내리는 데에는

피어나는 꽃을 보아라
지저귀는 새를 보아라
흘러가는 강물을 보아라
보아라 그것이 사랑이다

사랑 하나면 충분했다
생명 하나가 파도를 넘어
뿌리를 내리는 데에는

탄생

허름하고 작은 술집에 몇몇이 모였다 먼저 개구리 수염차로 입술을 축였다 초파리 수프 한 그릇이 만찬의 시작이었다 조금 큰 접시에 장수하늘소 삼겹살, 코뿔소 바비큐, 모기 뒷다리김밥, 펭귄 눈알어묵, 고래 코끼리 백숙, 벼룩의 간 카스텔라, 돼지뿔 육회, 배추흰나비 날개무침, 공룡 빈대떡 등 웬만한 음식은 다 담겨 있었다 울기도 하고, 요란했다 웃기도 하고, 가끔 고요하기도 했다 떠들썩 왁자지껄 기세등등 의기소침 속에서 가끔 기침 소리가 들리기도 했다 배가 부른지 맛이 있는지는 잘 모르겠다 그나마 봉황새 갈비탕과 아메바 구이가 먹을 만했다 술은 병아리 눈물과 천사들의 췌장으로 빚은 발효주였고 디저트는 부동액 슬러시였다 별들이 집에 갈 시간이 되었다 몇몇 중의 하나가 집에 가려고 준비 중이던 몇 개인가의 별들을 내 호주머니에 넣어 주었다 저승 가서 잘 살아 그가 말했다 몇몇 중의 몇몇은 울기도 했고 몇몇은 시무룩했다 누군가가 대야에 담겨 있던 악마의 피를 내게 좌악 끼얹었다 아무도 말하지 않았지만 그것이 마지막 순서임을 알았다 내가 등을 돌리자 문을 지키던 석가 예수가 길을 열었다 깜깜했다 깜깜하다는 것 그것은 내가 가야 할 저승길일 것도 같았다 잠시 걷는다 싶었는데 갑자기 밝아졌고 깨진 항아리의 물이 빠져나가듯 내 기억이 빠져나가기 시작했다 기억을 움켜쥐려고 했지만 허공만 잡혔다 상실감이 너무 커 욕지기가 나왔고 큰 소리로 울고 싶었다 하지만 나는 갓난애처럼 응애 하고 울었다

3부

제비꽃

죽기엔 충분히 늙은 몸으로 기었다. 두 발로 걸을 줄을 알았지만 네 발로 기었다. 엄마는 보이지 않았다. 아득한 곳으로부터 불어온 바람에 제비꽃 향기가 배어 있었다. 제비꽃 이름은 어떻게 알았을까. 제비꽃 향기의 기억은 어디에서 왔을까. 좋은 날이었다. 좋은 날이었지만 죽기에 충분히 좋은 날은 아닌 것도 같았다. 몸이 붕 떴고 이윽고 너무 추웠다. 엄마를 불렀지만 목소리는 나오지 않았다. 아이가 물에 빠졌다! 사람들의 외침이 들렸고 주위가 소란스러워졌다. 언뜻 파란 하늘과 엄마의 얼굴이 보이는 것도 같았다. 팔다리를 허우적거리기도 했던가. 잠시 겸양을 떨기도 했지만, 제비꽃 보라 속으로 나는 숨었다.

내가 당신이라면

내가 당신이라면
당신은 내게
꽃다발을 보낼 것이다.

내가 당신이라면
당신은 나를
사랑할 것이다.

아아, 이제 정말로
내가 당신이라면
당신은 내 곁을
떠나가고 말 것이다.

가슴 속에는 강물이 흐르고

몰라서 속은 것이 아닌 것처럼
먼산바라기 할 테니 여보,
나를 위해 한 번만 화장 좀 해주구려
내가 바라는 화장은
짙은 메이크업 새빨간 루주가 아닌
아무것도 바르지 않은 맨얼굴이라오
주름살 골짝마다, 우리끼리만 통하던 사연
만져보고 싶다오

알면서 모르는 척이 이 밤뿐일까
내가 떠날 테니 여보,
나를 위해 한 번만 웃어주구려
휘영청, 잘 익은 박 속이 터질 때처럼,
마지못해 웃는 그런 웃음 말고
흥흥 콧김 내뿜어 비웃음 같은 그런 웃음 말고
함박꽃 봉오리가 햇살에 터질 때처럼
그런 웃음으로 말이오

내가 죽을 테니 여보,

나를 위해 한 번만 울어줄 수 있겠소?
아니아니, 거짓으론 아니 되오
입으론 울면서 눈웃음치는 그런 울음 말고
엉엉 소리만 내는 그런 울음 말고
퍼렇게 시린 가을 하늘에 코를 베일 때처럼
가만히 있어도 주르륵 눈물이 흐르는
그런 울음으로 말이오

당신이 아니면
누가 나를 위해 웃어 줄려구요
누가 나를 위해 울어 줄려구요

멍하니 당신만 바라보다 꿈에서 깨어
쌔근쌔근 잠이 든 당신을 보오
욕심이구나, 욕심이구나!
지척이 천 리이고 천 리가 지척
돌아누워 생각하다 또 돌아눕네
꿈이었지, 의심도 확신도 꿈이었지 내 사랑
내 사랑 잠든 볼에 입 맞추네

가슴 속에는 강물이 흐르고

아내

호박꽃이다!

도시의 건물 옥상에 핀
호박꽃
깜짝 예쁘다

벌이냐 나비냐
입이 달고, 침이 고인다
기다릴 일이 있구나!

여기다 호박꽃 피워 낸 당신
더욱 예쁘다
볼수록 예쁘다

살아남아야 했다*

살아갈수록
등에 진 짐이 무거워질 때
절벽에서 뛰어내려 버리는 것은
아주 쉬운 일이다
무릎을 꿇는 일은 더 쉽고
고개를 숙이는 일은 더 더 쉬운 일이다
하지만, 쉬운 일이라 해도 절대로
할 수 없는 일이 닥친다면, 마땅히
다시는 입지 않을 옷 모두 벗고
등에 진 전부를 내려놓을 일이다
벌거벗은 몸이 어찌 퇴로를 걱정하랴
내려놓고 내려놓은 몸에게 어찌
퇴로가 없으랴
무릎을 꿇는다고 어찌 투항이라 부르랴
진정으로 대상을 바꿔서
고개 숙일 일이다
무릎 꿇을 일이다 무엇보다
살아남아야 했다
열끼를 갖고서 택배 일을 한다거나

도서관 청소부라도 되어서
열심히 사는 모습을 보고 싶어 하는,
보고 싶어 하는
남겨진 사람들을 위하여

* 노회찬 장례식 날 노무현, 노회찬을 기리며.

부엉이가 울어

허위에 찬 기형아,
우리는 서로 상대적 외눈박이
누군가의 손짓에 춤추는 꼭두각시

선택되어짐은 멍텅구리야,
멍텅구리 행렬에서 이탈하고 싶었어
춤추기가 싫었어

상위 포식자의 스물두 가지의 슬픔 중 하나,
숨쉬기가 곤란함
또 하나, 음식은 많은데 먹을 것이 없음

집을 두고서 집을 찾아서
네모도 아닌 네모에
나를 유폐시켰어

부엉이가 울어
고추장은 거의 한 통이 남아있어

펭귄은 숫자가 많아, 마음만 먹으면
아무 때고 잡을 수 있을 것 같아
고기가 질길런지 몰라도 몇 달은 좋이
우리의 일용할 양식이 되어주겠지

경회루 연못의 팔뚝만 한 비단잉어가 생각나
그때도 생각했지, 많이 배고프면
대용할 식량이군 하고
코뿔소나 판다 혹은 올챙이나 까마귀도 마찬가지지만 말야
비둘기나 제비 혹은 금붕어나 고양이도 마찬가지지만 말야

배가 고파

몇 걸음만 움직이면 천지에 먹을 것인데
말라비틀어진 빵을 고추장에 찍어 먹네

전화 한 통이면 진수성찬이 가득인데
안주로 고추장에다 고추를 찍어 먹으며
술을 먹네

상위 포식자의 마흔네 가지의 기쁨 중 하나,
나는 그렇게 할 수 있음
또 하나, 나는 그렇게 하지 않을 수도 있음

사냥하지 않을 수도 있음
사랑하지 않을 수도 있음

네모는 모서리가 다 떨어져 나가버리고
숨쉬기가 곤란함

식탁에 오를 것도 아니면서 밤새
부엉이가 울어
나처럼

아무도 눈치채지 못했다

사마천이 궁형을 받았다.

정약용이 유배를 당하였다.

아돌프 히틀러가 미술학교 입학시험에서 떨어졌다.

그녀가 걷고 있었다. 임신 16주째였다. 소나기가 내렸다. 그녀는 달리기 시작했다. 햄버거집 모퉁이에서 남자 A와 부딪혔다. 그녀는 쓰러졌고 빗물에 핏물이 번져나갔다. 유산이었다. 남자 A가 어쩔 줄 몰라 하며 그녀를 부축했다. 3년 후에 그녀는 남자 A의 아이를 출산했다.

역사가 살짝 바뀌었다.

아무도 눈치채지 못했다.

아이는 다른 목적 없는 아이들과 뒤섞여 햄버거집 모퉁이를 지나가고 있었다.

먼 길

(희망)
아무 소리도 들리지 않는 고요는
고요가 아니다

극성스럽게 울던 매미가
뚝
멈췄다

나는 일어나서
누워있는 나를
내려다보았다

(절망)
아무 움직임도 없는 그림은
그림이 아니다

벽화에서 빠져나온 나비가
문득
날개를 접었다 다시 벽화가 되었다

나는 일어나서
누워있는 나를
내려다보았다

(먼 길)
아무것도 없는 하늘은
빈 하늘이 아니다

조물주를 만든 조물주가 있었고
애석히도
나는 그를 만난 적이 없다

누워있는 나를 내려다보다가
어둠 이전부터 있었던 어둠 속으로 먼
길을 떠났다

먼 길 2

나는 일어나서
누워있는 나를
내려다보았다

…… …… ……

왔던 길은 길이 아니었다
길 없는 길을 가야 했다
길 아닌 길을 가야 했다
길을 가니 길이 생기었다
그저, 먼 길이었다

우리 사랑

사랑하고 또 사랑해도
다시 미움

미워하고 또 미워해도
다시 사랑

담배

안방에서 거실로, 거실에서 베란다로 쫓겨났는데 베란다서 밖으로 또 쫓겨났다.

담배 일발 장전! 발사! 하며 개구리복과 뒹굴었고, 그리워라 그대의 담배 향기 어쩌고 심수봉인가는 노래 부르기도 했다던데.

이슬만 먹고 살든지, 담배 연기 안 맡으면 이백 년을 사는 것도 아닌데 5미터 앞에서부터 새 쫓는 시늉 좀 그만하소.

밖에서도 마음대로 피우지 못하니 그저 연기 없는 한숨만.

때론 독이 약이 될 수도 있는데 그건 독이야 그건 독이야 아우성들이니 도무지 약효는 생기지 않고.

60년 동안 하루 한 갑을 피우면 폐암 걸릴 확률이 85%라는 통계도 있다던데, 피우지 않고 60년이면 몇%라는 통계는 도무지 찾을 수 없고.

내 담배 예찬자는 아니지만 그래도 자동차 매연과 담배 연기의 해독성에 관한 비교 논문 하나쯤 구경 좀 하자!

끊었다가 다시 피워 스트레스받고 끊었다가 다시 피워 자존심 팍 상하고, 그러지 말고, 십 년이라도 젊다면 모를까 내 몸이 원하는 대로, 애국하는 셈 치고, 계속 피우지 뭐?

살포시 묻자. 거, 뭐냐, 그냥저냥 이렇게, 피우면 좀, 안 될까? 응?

특별시가 사라졌다

사라지는 것은 기적 소리만이 아니었다
외로움을 나누지 않는 순간부터
존중과 배려가 사라졌고
한세상이 금이 갔다

한 번 눈 돌리니 마주보기가 낯설었지
두 번 등 돌리니 곁에 있기가 불편했다
우리의 꿈이 꼭 무지개는 아니었지만
무지개가 사라졌고

팔만 뻗으면 거기 네가 있었다
손끝에 너의 옷자락이 잡혔지만
나는 너를 안아주지 못하였다

어쩌다 함께할 땐 잠들기가 힘들었고
아침의 풍경은 싸구려 모텔인 양
괘씸하고 허전했다

나는 너의 익지 않은 홍시

너는 나의 채워지지 않은 술잔

목마름이 가슴에 불을 지피고
몇 번의, 가려운 등을 방치했었지
낯섦과 불편함이 익숙해질 때쯤 이별은
우리 곁에 다가와 손을 잡았다

기적 소리가 있었다
무지개가 있었다
한세상이 금이 갔고
처음과 마지막이 사라졌다

네가 내 곁에서 사라지고,
늘 거기 있었는데 문득
로타리가 사라졌다
특별시가 사라졌다

악취 제거법

양치질을 소홀히 하는 사람도
키스를 하지.
숙취 때문에 양변기에 코를 박고 있는 사람도
금방 악수하고 포옹도 해.
하지만, 말 같지 않은 말을 지껄이는 사람에게선
사체 내장이 썩을 때 나는 듯한
말 같지도 않은 지독한 악취가 풍겨. 내장이
따라서 썩어버릴 것 같은 악취가
침대까지 따라와.
그럴 땐 먼저 그 주둥이에
밤송이를 쑤셔 박을 일이야. 그다음
잘 이긴 회반죽을 들이부으면 잠시 후부터
냄새가 사라지지. 그래도 못 미더우면
라일락꽃 가지를 몇 개 덮어주면 돼.
악취 제거는 물론이고 말 같지 않은 말을
더 이상 듣지 않아도 되지.
돌아서는 그대의 몸에 밴 악취는 한동안
어쩔 수 없겠지만.

아무 일도 아니었는데

화단에 물 주고 나니 비가 내렸다
그 비 맞고서 당신은 가버렸다
우리가 만나지 않았다고 생각하면
아무 일도 아니었다

이틀을 일하여 하루치 일당을
당신 결혼식 축의금으로 내었다
며칠 늦게 태어났다고 생각하면
아무 일도 아니었다

꽃 피는 봄날이여
너는 그냥 지나가라
작년 봄에 그러했듯이
외로워하지 않을 거다

가슴 속을 할퀴는 바람아
너는 그저 지나가라
십년 후에 그러할 듯이
아파하지 않을 거다

아아, 쓸데없이 눈물을
흘리고 말았네
태어나지 않았다고 생각하면
아무 일도 아니었는데

뭐가 되려고 그러니?

눈에 넣어도 아프지 않았다
먹고 싶은 것 하고 싶은 것
원하는 대로 해 줬고,
신발 신은 채 대중교통 좌석을 오르내려도
밥상머리에서 게임에 몰두해도
그저 예쁘기만 했다

중학교 고등학교에 들어갔다
아이의 얼굴에 짙은 그늘이 생겨났다
끼니 걱정시키지 않았고
어디 가서 돈 벌어 오라고 하지 않았다
공부 하나 잘하면 되는데…
속으로만 말했다

원하는 학교 학과는 아니었지만
대학생이 되었다
안녕히 주무세요
누운 채 아이는 말했다
잘 자라는 내 말을 듣고 난 후였다

닭 다리는 두 개인데 엄마 아빠 차례는
아직 오지 않았다

설거지하고 청소할 때 아이는
제 방에 있었다 손님이 오거나
무슨 행사가 있으면 집 밖에 있었다
가슴에서 바위가 솟구쳐 올랐다
너 뭐가 되려고 그러니?
어떻게 살려고 그래!

말하려는 내 눈을 보고 아이가 먼저 말했다
내가 알아서 한단 말야!
옛날 생각이 났다 부모님과
윗사람들이 내게 하는 말이 있었다
너 커서 뭐가 되려고 그러니?

유토피아애수

이태백 클레오파트라에게서
메시지가 왔다
술 한잔 하자는 얘기겠지
읽지도 않고 삭제해버렸다
지네가 날 어떻게 안다고
감히!

바다가 보이는 언덕에서
바다는 보지 않고 오랫동안
하루살이 떼를 바라보았다
저들의 이빨이 퇴화하지 않았다면
하루살이로서의 삶이 좀더
풍요로울 수 있었을까

성삼문 유관순께
안부를 겸해 카톡을 보냈다
빛이 있는 한 무한한 미지수가 있고
나는 그 가능성의 바다에서
뻔뻔해지기 위해 열심이었다고 고백했다

부끄러움에 온몸이 오그라들었다

꿈꾸던 금빛 물결에 눈이 멀고 말았느냐
바다 건너 그에게선
이모티콘하나 오지 않았다
끝끝내 바다를 등진 채 나는
하루살이 떼 속으로 뛰어들었다
한 마리 하루살이가 되어 하늘하늘 웃었다

알게 뭐람

소변 마려운 암고양이의 자궁처럼 습한,
비 오는 그믐밤 깊은 산 속
웅크린 부엉이의 날개 속보다 어두운
그런 곳에서
천년을 기다려 봐
깨어있는 채로
결박은 없지만 움직이지 못한 채로

소멸되어버린 기억과
소멸되지 않는 기억으로,
내가 선택하지 않은, 선택되어지는
그런 기억으로의 하루를!
하루가 천년이지

환생을 말하지 마
천국과 지옥을 말하지 마

어느 별에 떨어져 어떤 생명체로 태어날지

알게 뭐람

청계천

몇 사람의 눈물이 보태져
강물 되어 흐르는가

내 한숨 몇 모금도
섞이어서 흐르는가

전태일 다리에 비가 내린다

빗물에 씻겨갔던 눈물 한 방울
긴 세월 돌고 돌아
다시 내 눈에 담기고

청계천 2

나는 왜 여기에 서 있는가
여기가 아님을 분명히 알면서

곁을 주고 심장을 맡겨도
사람의 가슴에 구멍을 뚫는 것은 다시
사람이다

망할 놈의 술 한 잔 담배 한 개비
커피 한 모금 아아 그날의
눈 한번 깜박거림이여

와도 가도 또다시 전태일 다리 위다
저기가 동대문이고 저기는 남산인데
누구를 기다리느라 움직이지를 못하는가

아직은

아직은 대통령이 아니다.

아직은 노벨상을 수상하지 못했다. 노벨상보다 권위 있는 상을 만들지 못했다.

아직은 빌 게이츠보다 부자가 아니다.

아직은 베토벤을 뛰어넘지 못했다.

아직은 태평양 횡단 열차를 타 보지 못했고, 지구가 쪼개질 때 숨어야 할 안전한 피난처를 확보하지 못했다.

아직은 석가 예수 공자 들의 핑계나 대며 산다. 수산 시장에서 새벽을 맞은 적이 없고, 겨울 지리산 정상에서 밤을 새운 적도 없다. 수해나 가뭄 같은 천재지변으로 고통받는 이웃들 곁에 가까이 가지 않았고 유엔 난민 기금 ARS를 누르지 않았다. 오르막길에서 폐지 가득 실은 할머니의 리어카를 밀어주지 않았다. 열기 힘든 문은 열지 않았고 닫기 힘든 문은 닫지 않았다. 발에 밟힌 작은 생명들의 아픔에 미안해하지 않았다. 잠이 오지 않을 때까지 잠을 잤고 배가 부를 때까지 음식을 먹었다. 호스피스 병동에서 봉사한다는 것은 생각하지도 않았다.

답답하고, 왜 억울한 마음이 드는 걸까. 가슴 속의 늑대는 언제쯤 잠이 들까. 왜 자꾸 서러운 생각이 드는 걸까. 내가 생각하는 내일보다 빠르게, 뚜벅뚜벅 걸어오는 죽음의 모습을 망연히 느껴서일까. 모든 것이 너무 늦어버린 것이 아닐까.

핑계대지 말고, 시작을 하자! 새벽을 뚫고 지금 바로 떠나자. 수많은 쉼표와 물음표는 던져버리고, 몇 개 각성의 느낌표만 몸에 두르고서 태평양 횡단 열차 타러 가 보자. 발 밑을 주의하면서, 가장 열기 힘든 문 열어젖히며 안드로메다를 향해 걸어 가 보자.

아직은 대통령이 아니다.
아직은……

만취사회

어떻게
술 좀 먹었다고
취할 수가 있어?

형도 아우도 아줌마도 아저씨도
군인도 경찰도 부하도 상사도
술만 먹으면 온통 취한 사람들투성이인데
술 먹지 않아도 온통 주정뱅이 천지인데

육십 넘은 노처녀가 아양이 넘쳐서 감옥에 가고
칠십 넘은 노친네는 말싸움 중에 주먹부터 올려붙이고
스물 안 된 아이들이 자신은 다 컸다고
큰소리 빵빵 치는 세상에서

어떻게
술 먹지 않았다고
취하지 않을 수가 있어?

술이 위로가 될 수 없다는 것을

취해야만 알 수 있는가
술이 위안이 될 수 없다는 것을
술 깬 후라야 느낄 수 있는가

본능마저 밀어내버린 충혈된 눈빛들,
배고파 우는 아이 한 대 쥐 패고 돌아선 듯한
금방 무덤을 쪼개고 나온 듯한
얼굴 누런 장정들이 좀비처럼 흐느적거리는 거리에서

어떻게
술 좀 먹었다고
비틀거릴 수가 있어!

어떻게
술 먹지 않았다고
똑바로 걸을 수가 있어!

일생

오랜 시간의 준비와 기다림이
시의적절한 봄비를 만나
한 송이의 꽃을 피워냈다고
주저앉지 마라

천년을 자랄 수 있는 나무의 씨앗을
조그만 돌멩이가 누르고 있다
너는 너무 오래 앉아있다가 스스로
돌멩이를 누르는
돌멩이가 되어버렸다

오랜 시간의 되새김과 간절함이
순간의 깨달음을 만나
한 가닥의 멜로디를 만들어냈다고
주저앉지 마라

만년을 날아가야 할 새의 알은 아직
부화할 둥지 하나 찾아내지 못하였다
너는 너무 오래 노래하다가 스스로

허공에서 깨어진
알이 되어버렸다

꿈인듯,
가득했던 청춘이 모두 흘러가버렸지만
아쉬움으로 다시 되돌릴 수는 없는 것,
머물면서 가득찬 일생은 어디에도 없다

꽃도 새도 너의 곁을 떠나가는 중인데
오후가 아직 많이 남았다고
말하지는 마라

말뚝

날마다의 아침은

얼마나 지겨운가!

말뚝 2

나는
말뚝이 아니다

날마다의 아침은
  ,
얼마나 찬란한가!

당당변명

…왼쪽—오른쪽—지금 가자—나중 가요—등산 갈까?—바다낚시 약속이 있어—전철?—버스가 좋아—정말 실망이야—이럴 줄 몰랐어——왜 나 혼자 쓸쓸할까—화나고 슬퍼—내가 뭘 그리 잘못했는데?—남들은!…—허전하고 억울해——당신 지금 어딜 보는 거얏—흥, 꼴에 무슨 생각을—다른 사람 보면서 왜 이빨 드러내고 웃는데?—저만큼 가—가란다면 못 갈 줄 알아?—갈 테면 가시욧—웬수 같아—보기 싫어—옷에 묻은 먼지처럼 가벼워, 웃겨 정말—무심한 사람—야멸차고 냉정한 사람——까짓거, 당신 말이 맞아 여보—당신 말이 모두 옳다니까 조또!—어휴—어휴—아이가 졸업만 했어도—막내 결혼식 끝날 때까지만—휴, 가 보자—이건 아닌 것 같은데, 할 수 없지——손이나 한번 잡아 볼까—망령 났수? 딴생각이나 하면서—헌데 왜 내 허벅지를 만지는데?—흣, 내 허벅진 줄 알았네—물이나 한 그릇 떠 오구려—당신은 손이 없소 발이 없소?—등 가렵다며?—내가 못 살아, 에고 허리야—잡시다—먼저 자요—시원하다—나는 추운 것 같아—가까이 와—싫어요, 싫어, 싫어요…

세월

세월이 지나면 그냥
나이를 먹는 줄 알았어

나이를 먹으면 그냥
어른이 되는 줄 알았지

어른이 되면 까짓
탑 하나쯤 못 쌓으랴 했었네

오늘도 어제처럼 내일이
기다릴 줄 알았는데

지전 몇 장 챙기라 하네
이제 그만 눈 감으라 하네

지팡이 하나 주지 않고
파도치는 바다를 건너라 하더니

백수열전

지금 뭐해?

전화 받고 있지.

나오게, 술이나 한잔 하게.

안 돼.

왜?

사흘에 한 번 머릴 감는데 어제 감았거든. 모레 만날까?

모레? 내가 안 돼.

왜?

어쩌다 한 번 잠이 들면 사흘씩 못 일어나는데, 오늘 밤 잠들기는 영 그른 것 같아서.

점심은 먹었나?

지금 다섯 시야.

점심은 먹었냐고 물었잖아.

지금 다섯 시라고 대답했어.

하, 목이 말라, 컵 찾고 있어 나는.

하, 술이 고파, 술병 보고 있어 나는.

지금부터 뭐할 건가?

그런 걸 묻다니, 예의를 지키게. 그러는 자네는 시방부터 뭐할 텐가?

일단은 전화를 끊어야지.

그럼……

(전화 끊김)

너무 쉬운 사랑

맹세는 없었다
조바심이나 안타까움은커녕
그 흔한 기다림 하나 없이
쉽게 만나
너무 쉽게 친밀해져 버린 거기서부터
이별은 준비되어 있었다

상자를 열 때의 기대감도
상자 속의 보석도 없었다
서로를 길들이고 싶었지만
이미 길들여진 통속이
어긋난 돼지발톱처럼 삐딱하게
상대방에 대한 존중을 문밖에 내다 버렸고

준비된 이별이었지만
이별은 사랑처럼 쉽게
친밀해지는 것이 아니었다
내려놓기 가장 무거운 희망을 들고서
펄럭이는 통속의 깃발을

바라봐야 했다

입술을 깨물며,
이제는 마침표를 찍어야 한다고
날마다 날마다 다짐했건만!

너무 쉬운 사랑은
사랑이 아니었다

청계천 3

전태일 동상이 늘 그 자리를 지키듯이
그 시간이면 어김없이 거기에 있었다
부르면 대답했고 팔 흔들며 웃었다
단추가게 윤 사장 지퍼가게 송 사장
종합시장 원단가게 곽 사장까지,
밀레니엄 황 상무 에이피엠 박 전무
브라질 수입업자 전 사장까지,
지게아저씨 임 씨 통일상가 관리실 미스 최
동화상가 김 이 또 허 이 김 사장
무역회사 권 사장 정 과장까지,
금형 사출 도금 염색 에폭시 들의 사장 공장장까지
그가 있을 때 전태일 동상 주변은
만남의 광장이었다
셋 되고 금방 다섯 여섯 되어
아무거나 말고, 오늘 점심은 뭐로 하지?
나름 매우 어려운 질문을 해가며
왁자지껄 먹자골목으로 향하곤 했다
먹자골목 닭칼국수 맛있기도 했지만
나누는 술잔과 이야기를 좋아했다

어느 날 먹자골목서 손님 하나 사라졌다
어제처럼 그 자리에 서 있을 줄 알았는데
불황이 쓰나미처럼 찾아왔고
수명 다한 제조업은 일어나지 못하였다
부르면 언제나 대답할 줄 알았는데
팔 흔들며 언제나 웃어줄 줄 알았는데
다리는 너무 낮고 청계천 물 얕았는가
깊은 강 높은 다리 찾아
이 거리를 떠났는가
어느 날부터 그의 모습이 보이지 않았고
전태일 얼굴이 조금 더
쓸쓸해져 있었다

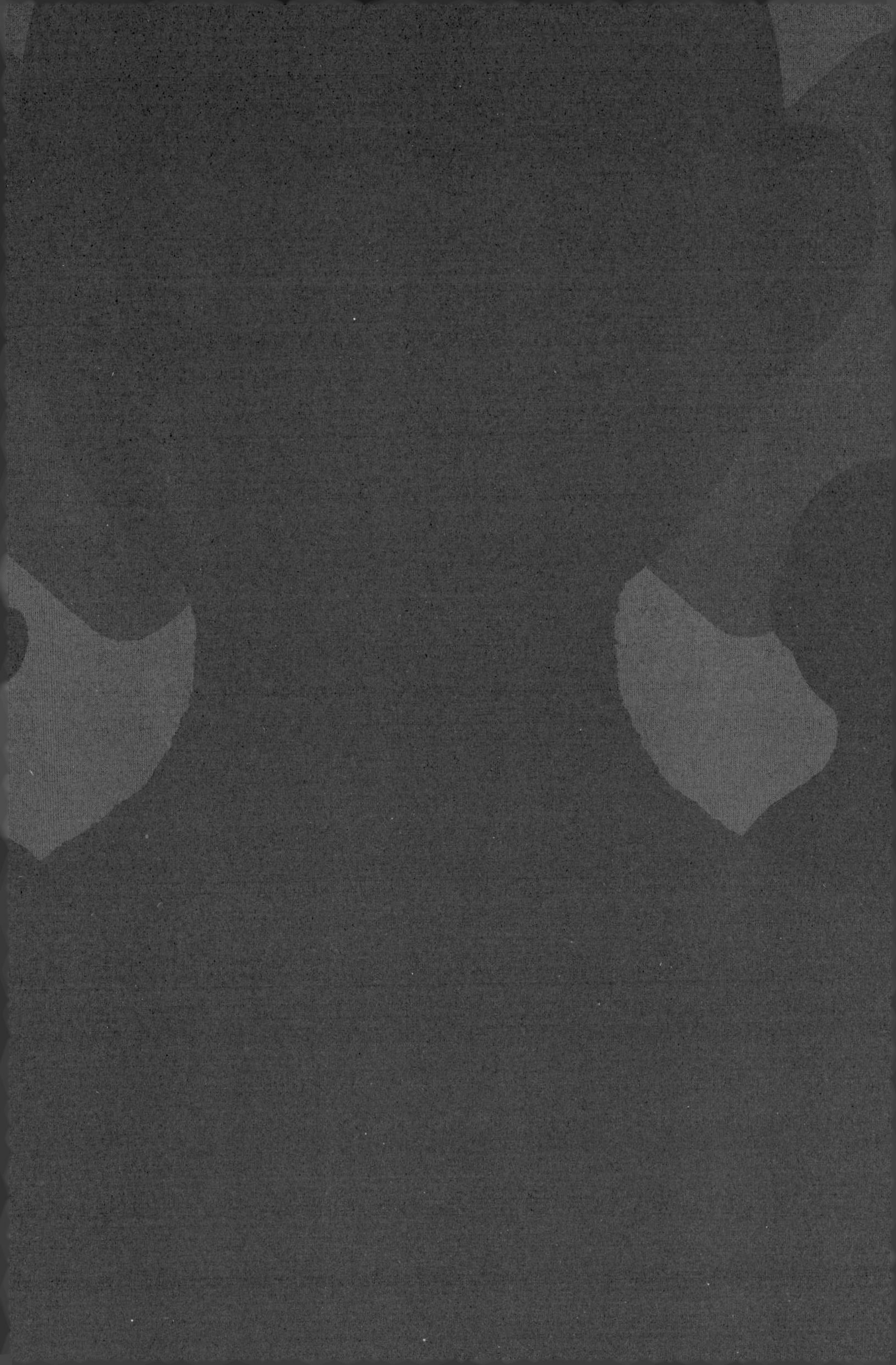

4부

가을 건너기

고뇌 없이 산에 올라
무엇을 보았는가

성찰 없이 강을 건너
무엇을 얻었는가

나무들은 내일도 가을을 떨구겠지만
몇 날 며칠 빗자루질한다고 핀잔은 말게
오늘 쓸어보는 가을
언제 다시 쓸어볼 날 기약할 수 있을까

고뇌라는 놈 깨웠네 그동안
헛간 구석에서 잠을 자고 있었지
알고 보면 이 가을, 함께 건너기
안성맞춤 동반자지

성찰이라는 아그 불렀네
아주아주 무겁기야 하지만
고뇌와 낙엽과 정답게 섞었더니

겨울 지나 봄까지가 무릎 앞이네그려

쓸어모은 가을 속에서 어허!
꽃이 피었네

모기

바늘로 벽에 붙은 모기 몸통을 찌르면 모기는 느낄 거야 자기 주둥이보다 강한 것이 있다는 걸

바늘이 있는 세상에선 함부로 벽에 붙어 있으면 안 된다는 걸

다른 음식과 섞인 모기 요리를 먹어대는 인간들 곁으로 가까이 가지 말라고 후손들에게 말하고 싶을 거야

외계인에겐 생식기가 없다고, 외계인에겐 산소와 햇볕이 치명적 바이러스라서 지구별에 오지 못한다고

모기는 알고 있는 모든 것을 말하고 싶었는데 말할 수가 없었대

굶어 죽거나 바늘에 찔려 죽거나 기타 등등, 말을 배우기도 전에 너무 빨리 죽어버려서

사실

어제보다 좀 더 걸었어. 달팽이가 으쓱, 말했다. 인간은 흐, 웃었다. 조물주는, 조물주 개새끼는 하품도 하지 않았다.

사실 2

오늘은 만우절이다.

나는 혼자 할 줄 아는 게 많다. 요즘 배웠는데, 세탁기 돌릴 줄도 안다. 양말 한 짝을 넣고 세탁기를 돌렸는데, 뭔가 불안하기는 하다. 양말은 두 짝이 한 켤레라는 걸 지금 안다. 상관없다. 나중에 한번 더 돌리면 되니까. 진실은 사람을 슬프게 만들기도 하지만, 사람의 머릿속을 텅비게 만들기도 한다.

그녀도 할 줄 아는 게 많다. 거울 보기. 화장하기. 내가 있는데, 내가 있어도, 또 다른 누군가와 은밀성 나누기. 예쁘게 웃고 친절하기. 거짓말하기… 증명받고 싶은 거다. 사랑하기 때문이 아니라 사랑받을 수 있는지 끊임없이 확인받고 싶은 거다. 나는 안다. 알지만 한번 화내고 본다. 이익은 없다.

다들 알고 있을까. 나는 선인장에게 말을 걸지도 않았고 방 안에선 길을 잃지도 않는다는 것을. 다들 알겠지만, 나는 아직 혼자서 엘리베이터 탈 줄도 안다. 나는 이 외에도 혼자 할 줄 아는 게 많다. 이를테면, 전 재산을 보자기에 싸서 노름꾼에게 줘버린다던가, 옥상에서 뛰어내려 버리기 혹은, 바늘로 천천히 두 눈 찌르기 등등.

*실 없는 나라 흩어진 구슬 서 말. 지옥. 거짓은 참을 수 없는 지옥이다. 지옥에선 날마다 미쳐야 버틴다. 나는 할 줄 아는 게 많지만 미치지는 못했다. 사람을 미치게 만드는 것은 거짓이 아닌 진실이다. 그래서

오늘 내가 미쳤다. 미쳐서 내가 죽었다. 내가 죽었으니 다들 와서 술 한 잔씩 하고 가게.

오늘은 만우절이다. 날마다 만우절이다. 거짓이다.

* 속담, 구슬이 서 말이라도 꿰어야 보배다

사실 3

여기는 변방. 백마 탄 왕자는 화면 속에 있지.

클로버 찾기 놀음은 지쳤다. 죄다 세 잎뿐이었다. 행여 네 잎이 될까 싶은 두 잎짜리도 도통 보이지 않았어. 새싹은 겨울이 지나야 다시 나오겠지. 물론, 그중에 네 잎의 싹이 있을지는 모르지만 관심 없어. 상관도 없고. 난 곧 얼어 죽을 예정이니까.

메뚜기를 잡았어. 개구리 줄려고. 이제 개구리를 잡고 있어. 수염 없는 놈만. 돼지에게 줄 거야. 돼지고기는 벌써 먹었어. 쓸쓸한지 외로운지 곰곰 생각은 해. 해서 나는 죽지 않았어. 죽음이라는 놈은 늘 대기자실 의자에 걸터앉아 나를 노려보든가 골목길을 배회하고 있어, 아직은.

주인공은 부재중이야. 꿈꾸지 않으며, 스스로 주인공임을 포기했기 때문에. T.V나 핸드폰이 집집마다 사람마다 가득가득 동네야. 악악 악을 쓰다가 가끔은 휘파람도 불어. 그래서 여긴 변방이야, 엑스트라가 넘쳐나는.

엑스트라는 자기가 엑스트라인 줄도 모르고, 아니 알면서도 어쩔 수 없다는 듯이 껌을 짝짝 씹으며, 빨강 루주를 바른 채 순댓국을 게걸스럽게 먹으며, 깔깔거리고 웃으며 백마 탄 왕자의 환상 속에서 픽픽 쓰러져 죽어가. 하지만 변방에는 죽음의 대기자가 너무 많아서 슬픔 같은 건 끼어들 여지도 없지.

메뚜기를 잡았었어. 개구리도. 메시지 란은 빈칸이고, 이번 생에서

네 잎 클로버는 어디에도 없었어. 누구의 제지도 관심도 받지 않고 죽음이라는 놈이 드르륵 창문을 열어. 어디선가 힘차게 들려오는 저 소리를 들어 봐. 레디…고!

떫은 감

나 잠들어 있을 때
깨우지 마라

한 조각의
떫은 감이 없다면

별로 좋아하는 떫은 감
들고 있는 그대 손이 없다면

토끼

호랑이 없는 동네에서
호랑이에게 쫓기듯이
땀 뻘뻘 흘리며
살고, 살다가 늙은
토끼.

평생 호랑이 구경도 못 한 채
살고, 살다가 죽은
토끼.

썩은 분노

바람의 뼈다귀를 보았다
물뼈다귀들이 모여 사는 우물가에서
썩은 분노가 썩는 냄새를 풍기며 썩어갈 때
네 탓이라며 손가락질하는 뼈다귀들을

집합하지 못한 채 솟아나는 뿔을 보았다
양들의 발톱이 우르르
뇌성처럼 일어나는 산자락에서
외쳐야 할 때 침묵하는 지리멸렬 뿔들을

멜로디 없는 노래 부르며 양들은 춤을 추었고
찢겨진 깃발들만 펄럭이고 있었지

반드시 행동해야 할 때 멈춰버리는
박제된 광장에서
덜 여문 삶들의 목소리가 촛불을 켰고
함성은 신음 되어 지하에서 우렁찼다

배꼽이 피어나는 곳마다 나뒹구는,

제 필요할 때만 깨어나는 썩은 분노!

우물가에서
산자락에서
박제된 광장에서
썩은 분노가 썩는 냄새를 풍기며
썩어가고 있었다

씨앗

씨앗 하나가 있었다 작았다 곁에 물이 있었다

그 물은 단 한 번도 빗물이 되어본 적이 없었다 대나무 마디에 담기지 않았다 뻐꾸기의 알로 태어난 적 없었고 쉬리의 입속에 들어갔다 나온 적도 없었다 봉숭아 꽃잎으로 물든 적도 없었고 바위 속에 갇혔다가 수억 년 만에 세상에 얼굴을 드러낸 적도 없었다 산소 탄소 수소 질소 칼슘 인 이 모든 것들과 단 한 차례도 섞여본 적 없었다 생명 이전의 물이었다 태초 이전의 물이었다

물은 통 속에 있었다 통은 동그라미 안에 있었다 동그라미는 상자 속에 담겨 있었다 상자를 열었다 상자 안에 상자가 있었다 상자가 또 있었고 상자를 열자 또 상자가 나왔다 그 상자를 열었지만 다시 상자가 나왔고 계속해서 상자만 나왔다

씨앗은 작았다 하지만 최후의 씨앗이었다 씨앗 곁에는 물이 있었다 상자 안의 상자를 열었다 열고 열고 계속해서 영원히 열었다 통은커녕 동그라미도 보이지 않았다 동그라미가 있는지가 의심이 들었다 나중에는 의심이라는 말이 있는지조차 의심스러웠다

상자 속에 동그라미가 있었고 동그라미 속에 통이 있었다 씨앗은, 씨앗은 통 안의 물 건너편에 있었다 작았다 하지만 유일한 씨앗이었다 씨앗 속에서 해와 별이 빛나고 있었다 씨앗의 받침대는 네모였는데, 네모 안에 무엇이 들어있었는지는 확인할 수 없었다

씨앗이 움직였다 기다리고 기다려도 찾아오는 이 아무도 없었다 씨앗은 손을 들어 하늘을 쪼개버렸다 해와 별을 떨어뜨렸다 쪼갠 하늘 밖으로 또 하늘이 보였다 그곳 하늘에서도 해와 별이 빛났다 씨앗은 네모의 제 뜰에서 스스로 걸어나와 나비가 되었다 물을 그리워할 필요는 없었다 최후의, 유일했던 씨앗은 새 하늘에서 동료들의 흔적을 좇아 나비의 궤적으로 날았다

바닥

추웠다 새벽 두 시 사십 분

ㄱ이 손을 들었다 일차선을 달리던 택시 하나가 대각선으로 빠르게 방향을 틀었다 삼차선에서 직진하던 오토바이가 속도를 높이며 오른쪽으로 핸들을 꺾었고 약간 튀어나온 보도블록과 요란하게 부딪쳤다 택시와의 충돌은 아니었다 멈춘 택시의 이삼 미터 앞이었다 오토바이가 붕 떴다 사람인 듯 보이는 시커먼 것도 붕 떴다 도로에 떨어진 오토바이는 오토바이의 형태가 아니었다 바퀴 하나는 멀리 날아갔고 하나는 멈추지 않고 돌아갔다 저만큼 바닥에 떨어진 물체 하나가 일어나 비틀거리며 몇 걸음 걷다가 픽 쓰러졌다 부들부들 떨다가 이윽고 잠잠했다 도로 이곳저곳에 깨진 그릇과 음식물 찌꺼기가 흩어져 있었다 피는 보이지 않았다 우리가 나왔던 차선 반대편 건물의 클럽 조명만으로는 약간 어두웠다 운전기사는 핸들에 얼굴을 묻고서 헛소리처럼 뭐라 중얼거리고 있었다 다른 차는 보이지 않았다 사람들도 보이지 않았고 택시와 오토바이의 비상등만 추워죽겠다는 듯 깜박여댔다 우리는 서로의 얼굴을 쳐다봤다 어 존나 춥네 ㄴ이 말했다 ㄱ이 택시의 앞 좌석에 올라 문을 닫았다 아저씨 빨리 가요 똥 마렵단 말예요 ㄴ이 말했다 알바생일까 몇 살이나 되었을까 잠시 생각했지만 많이 궁금하지는 않았다 뒷문이 덜 닫혔네요, 아저씨가 말했고 나는 한 번 더 힘껏 문을 닫았다 차가 출발했다 망가진 오토바이를 피해서 중앙 쪽으로 갈 때까지 오토바이 바퀴 하나

는 돌고 있었다 천천히, 하지만 영영 멈추지 않을 듯이 돌고 있었다 얼마 못가 신호등이 있었다 파란 신호등이었지만 차는 멈칫했다 뭐해요 똥 마렵다니까 하고 ㄴ이 다시 말했다 어두웠지만 돌아다보는 기사 아저씨의 얼굴이 죽은 사람처럼 푸르뎅뎅하게 보였다 ㄷ 그놈 낼 가만두나 봐라 씨발 ㄱ이 말했다 남의 파트너 데리고 튀다니, 사람 새끼가 아냐 ㄴ이 맞장구쳤다 택시가 속도를 높였다 술에 취해서 그런 것 같지는 않은데 헛구역질이 났다 토할 것 같았다 토해도 될까 나는 선택하고 결정하기 전에 바닥에 토했다 택시의, 바닥은 있었지만 보이지는 않았다

종

뻐꾸기 울음과
민들레 씨앗의 나부낌만으로
종은 울리지 않지만
종이 있는 한
울려야 할 종소리는
남아 있는 것

가만 가만히, 종을 치자
잠들어 있는 자 애써
깨우지 말고
깨어있는 자 기어이
깨우기 위하여

뻐꾸기 울음인들
잠들어 있던 적 없었으랴
민들레 씨앗인들
깨어있던 적 없었으랴

조용 조용히, 종을 치자

깨어있던 자 깨어나
잠들어 있던 자를 깨우게 하고
잠들어 있던 자 깨어나
지친 나그네의 귓가에
종소리를 소곤거리게 하자

햇볕 보내고 터덜터덜
어둠을 걷는 저 나그네에게
작은 종소리 모으고 모아
지상에서 가장 아름다운
종소리를 들려주자

깨어있는 자여,
나의 종소리 들으라
너의 종소리 울려라
누구의 가슴엔들
작은 종하나
숨 쉬고 있지 않으랴

거울

직박구리 알 낳는 사연 알려고 하지 않았다
개망초 꽃 이름을 기억하려 하지 않았다
어미 닭만 졸졸 따라다니는 병아리처럼
왜 사느냐고 스스로에게 묻지도 않았다

그런데도 늙어가는 까닭은 무엇이냐

아, 거울이 있었다!

현재를 늙게 만드는 가장 큰 이유는
의식하는 것이다
거울을 깨뜨려도 거울과 깨뜨림의 행위를
의식한다는 것

자, 이왕이면 큰 거울 앞에다
나를 세우자
아침에도 세우고 저녁에도 세우자

부끄러움은 없는가,

정녕!

소문

달 폭파범이 있대
시도 때도 없이 기회를 노린다는 거야
쳐다보는 사람이 아무도 없을 때를!

별 수집범도 있대
사람들의 관심이 시들해진 별들을
호주머니에 쓸어 담고
새벽 너머로 사라져버린다더군

세상에!
사랑 파괴범도 있대
한눈이라도 팔면
꼭 한 쪽만 끌고 가선 킬킬대다가
가끔은 휘파람도 분대 글쎄!

분출

한국 시리즈 9회 말 투 아웃. 1대 10으로 패배가 확실시될 때 홈 관중을 위한 립서비스인 양 강속구를 뿌리던 투수가 배팅볼처럼 느리고 밋밋한 직구를 던졌고, 리그 내내 대수비 대주자로만 그것도 가끔씩 뛰던 그가 대타로 나와서 생애 첫 홈런을 쳤다. 하이파이브는 없었다. 그는 홈런을 쳤던 야구 배트로 감독의 뒤통수를 내리쳤다. 이어서 볼을 던진 투수를 향해 그라운드로 뛰쳐나가면서 외쳤다. 동전을 던지지 마란 말야! 마치 한 마리의 외로운 늑대를 보는 것 같았다. 그는 첫 홈런을 친 후에 비로소 아웃당했다.

휘파람

알약 하나로 백날을 살고
염소 닭 송아지 들을 성냥갑 속에서
키우는 날이 와도
누군가는 논밭을 일구어야 한다
보리밭 이랑에서 휘파람을 불어야 한다
그리움을 불러야 한다

몇 마디의 말과 몇 개의 손가락이
지구의 운명을 바꿀 수도 있겠지만,
하루에 천 년을 유영하고
내가 화석이 되어버린다 해도
누군가는 씨앗을 뿌려야 한다
휘파람을 심어야 한다

호박만 한 보석들이 인간의 눈깔들과 뒤섞여
골짜기를 메우는 날이 와도,
마른 대추나무 그늘에서
자기 혀를 씹어 먹는
마지막 남은 인간의 호주머니 속에도

남겨져야 한다, 휘파람

가지

어정 칠 월 건들 팔 월, 입추 지나서
모기의 입도 비틀어진다는 처서 지나서
서리가 내린다는 상강은 아직인데

햇살은 따스하고 바람은 아직 그리운 날
가지나무 가지꽃은 아,
피지를 않네
여름 한철 이웃해 온 고추꽃도 입을 다물고

열려있던 가지 가지들도 자라지 않네
말라 말라만 가면서
마음 떠난 님의 옷자락이라도 붙들고 싶은,

미안해
떠나야 했는데 남아 있어서
곁에 있어서

부부

손을 잡고 싶었는데
발이 잡혔네

바로 눕고 싶었는데
너무 멀었어

안아주고 싶었는데
너무 더웠어

창문 좀 열지?
발로 손을 건드리니
돌아눕더군

당신 아닌 남이라면
그리하진 못하리다

구애

우뚝 솟은 십자가가
우뚝 솟은 외로움이라면
거기 허물고 채송화를 심어요
공장이나 빌라를 지어도 참 좋은 자리지만
채송화를 심어서 채송화 꽃잎 보며
예수님을 말해요

머물고 싶은 거기 하필이면 꼭 거기에
절이 있다면
거기 허물고 멧돼지를 길러요
휴게실이나 양로원을 지어도 참 좋은 자리지만
말뚝도 울타리도 다 없애고 멧돼지랑 함께
부처님을 얘기해요

그냥 그 자리에 그대로 있으면!
재산세는 어찌 되나요
종교세는 어찌 되나요
채송화는 어디서 피고 멧돼지는
어디를 헤매나요

우뚝 솟은 외로움을 어찌하나요

생각은 생각이 아니었다

그에게 그가 왔다. 미래가 보인다는 거울을 갖고서.

그는 백 년 후의 자신을 거울에 비춰 보았다. 새의 지저귐도 없는, 묵묵한 산천이 있었다. 달빛인가 햇볕인가 구분되지 않은 밝음 속에 무심히 낙엽이 뒹굴고 있었다. 너무 욕심인가? 그는 빙긋 웃었다. 그때까지 살아 있을 리 없겠지만 무덤이나 비석 같은 흔적이나마 남아있기 바랐는지 모른다.

오십 년 후를 비췄다. 그는 다시 계면쩍어야 했다. 황량한 들판, 앙상하게 말라버린 코스모스 잔해, 영양실조에 걸린 쥐 한 마리가 털을 곧추세우고 들판을 헤매고 있었다.

그는 잠시 자신의 나이를 기억했다. 그리고 십 년 후를 비췄다. 가슴이 뛰기 시작했다. 폐허가 되다시피 한 납골당 하나가 보였고 거기 어느 작은 항아리 속에 먼지처럼, 아니 먼지 그대로의 자신의 흔적을 보았기 때문이었다.

호흡이 가빠지기 시작했다. 3일 후를 비춰보았다. 그는 화장터 가마 안에서 불에 타고 있었다. 목과 머리는 이미 분리되어버린 상태였다. 슬로비디오의 영상처럼 불꽃은 아주 느리게 하지만 맹렬하게 타올랐고 작은 뼈들도 녹아가고 있었다. 이상하게도 안팎이 조용하기만 한데. 그의 심장이 갑자기 뛰질 않았고 그는 쿵 소리를 내며 바닥을 뒹굴었다. 아니, 그는 자동차의 앞 좌석에서, 느닷없이 중앙선을 넘어 돌진해오는 대형 트럭의 헤드라이트 불빛을 받으며 터질 듯 비명을 지르고 있었다. 아니 그는 병원 중환자실에서, 산소 호흡기를 떼어내고 머리 위까지 침대보를 올리는 누군가의 손길을 느끼고 있었다.

언제 왜 왔는지, 누구인지도 모를 그가 왔고 아무튼 그는 미래가 보인다는 거울을 보았다. 구태여 거울을 보여준 이유가 있을까, 그는 잠시 생각하기도 했지만. 오지 않았는지도 모른다. 거울도 없었고. 그저 생각 이전의 생각이었는지도 모르지. 그런 생각도 잠시 했지만 생각은 어떤 생각이 아니었다.

살아있음으로

올 것은 와라 나는 갈 테다, 나만의 시간표대로.

그것이 시작이든 종말이든, 창문을 기웃거리는 고양이든 흉기를 손에 든 복면강도든, 가슴을 짓누르는 고통이든 파도처럼 달려드는 슬픔이든 그래, 올 것은 와라, 나는 갈 테다.

갈기갈기 찢어져버린 사랑이든 주워도 주워도 빠져 도망가버리는 희망이든, 버려도 버려도 차오르는 죽음에의 공포든 그래, 올 것은 와라 나는 갈 테다.

나는 갈 테다 길을 비켜라. 침몰하는 배가 되었든 내리치는 벼락이 되었든 모두 길을 비켜라. 질퍽거리면서 한 걸음 절뚝거리면서 한 걸음 고꾸라져도 또 한 걸음, 가다가 다시 가지 못하게 될 때까진 내가 갈 테다.

태양이 까맣게 식어버리고 세상의 모든 사과나무가 죽어도, 절망은 있다고 생각하는 자에게만 있는 것!

그래, 어차피 올 것은 다 와 봐라, 와서 내 가슴을 북처럼 두들겨라. 그래도 나는 갈 테다, 살아있음으로.

정

사과 한 개가 있었다
혼자일 때는 배가 불렀다
둘이 되자 반을 먹었다
그런대로 견딜 만했다
넷이 되자 반의반을 먹었다
양이 차지 않았지만 어쩔 수 없지 했다
여덟이 되자 반의반의 반을 먹었다
백이 되고 천이 되어도 사과는 한 개였다
아들 형제 며느리 들이 싸움을 했다
마을과 마을 나라와 나라가 싸움을 했다

나무를 심었다
사과가 열렸다 큰 놈 작은 놈
잘생기고 못생긴 놈
병든 놈 건강한 놈
까만 놈 하얀 놈 누런 놈
주렁주렁 열렸다 배가 불렀다
배가 불렀지만 싸움은 끊이지 않았다
하나가 둘을 먹고 넷도 먹었다

천 개도 감추고 만 개도 숨기었다
배고픈 자는 배고픈 자들끼리
배부른 자는 배부른 자들끼리
감도 있고 귤도 있고 포도도 익었지만
이번엔 소화제와 수면제를 놓고 또 싸웠다
피가 강이 되어 사과나무를 덮쳤고
오랫동안 흉년이 이어졌다

언제나 마르지 않은 우물이 있었지만
정은 채워지지 않은 허기였고 목마름이었다

좋은 시

좋은 시를 읽었다면 무릇
다음 편을 읽기 전에
눈을 감을 일이다

불행히도 나는 평생
좋은 시 한 편 읽지 못했지만
당신에게서 기어이
좋은 시를 찾아내었다

좋은 시는 오로지
당신 곁을 맴돌았다

당신의 손을 잡기 전에 먼저
눈을 감았다
감사의 마음으로 눈을 감았다

때로 당신의 얼굴이
깨어진 거울 속에서 피 흘린다 해도!
나는 먼저 눈을 감았다

당신 손을 잡는데
아아, 잡으려 했는데
당신은 뿌리치고 스르르
저 멀리 가버렸다

좋은 시 한 편이 그리도 반짝이다가

쓸쓸함이 가득한 저 강을
좋은 시 한 편 없이
어떻게 건너라고

부탁

당신은 좋을 뻔했소
과부 될 뻔했소 어젯밤 당신은
새 소리가 들리오 개 짖는 소리도
나는 이만 해와 달을 떠난다오

내가 뭐랬소
얼굴에 핀 검버섯 수술 않기 잘했지
무겁지도 않으니, 여든 넘어 한꺼번에 한다지 않았소
오늘 내 몸이 이러는데 까딱
손해 볼 뻔하잖았소

거 봐요
오래된 서랍장 버리지 않기 잘했지
아무 때고 버릴 수 있는데 당신이 말한다고
굳이 그때 힘쓸 필요가 있었겠소
열어 봐요 집문서 보험 증서 게 다
있을 게요

가슴이, 찢을 듯한 아픔이 이어지오

이어지오 죽지는 않고
나 아직 살아 있어 당신에게 미안할까
…싶으오

나비가 팔랑거리오 제비가
물을 차오 당신은 더 기다려야 할 모양이오
나비 제비 달려드니 할 말도 남았구려

당신이 과부가 되면, 다른 사람이라면 몰라도
정육점 늙은이와 깔깔거리진 마오
다른 사람이라면 몰라도 머리카락 단정하고 키 큰
통장 놈과 소곤거리진 마오

천사들인가, 아니
아이들의 칭얼거림이 들리오

어차피 이리될 것, 당신 말 대로 옥상 화단에
접시꽃 씨앗이나 뿌릴 걸 그랬소 괜히 고집부려
무 배추를 심었구려 그래도, 다른 사람이라면 몰라도

택배 온 젊은이에게 김치 맛보고 가라고
부르지는 마오

까탈스런 당신 그래도 고생했소
고맙소 내 업어주지는 못해도
움직일 수도 없지만, 당신의 입술이 가까이 온다면
움직일 수 있다 해도, 가만히
기다려 줄 수 있다오

나 죽은 뒤에 당신은 당신 마음대로
하시구려 하지만 부탁이오
지금은 이리 오오, 가까이 더 가까이

나는 없다

해는 저물고 소나기는 오는데
소는 뛰고 신발은 미끄러웠다. 그런 말은
흔하디흔한 말.

밤은 깊고 새는 울고
꽃은 지고 임은 갔다. 그런 일은
흔하디흔한 일.

배불뚝이에게 비데가 없으면 혼자
뒤처리하기도 힘이 드는데,
치질까지 앓는 몸으로 여행을 갔다가
설사병이 났으니 낭패였다. 그래도 그런 일은
생길 수 있는 일.

시간이 지나면 해결될 수 있는 일.
어쩌면 그리울 수도 있는,
세상 사는 일.

하지만

하지만!

나는 없다(여기 있는데!).

없고 없다가
태초의 하늘이 열리고
내가 있었는데…….

빈 들판

내일을 믿지 말라는 그 말을
믿지 않았다.

하늘은 텅 비었다며,
별 찾으려 애쓰지 말라는 그 말을
믿지 않았다.

함성 열광, 세월이 지나 오,
자유가 구속이 되리라는 그 말을
믿지 않았다.

나는 빈 들판에 혼자 서 있고
들국화 몇 송이만 내 그림자
흔든다.

고목

손가락을 살짝 대자 물먹은 썩은 가지가 나무에서 떨어지듯 발뒤꿈치 굳은살이 떨어져 나와 피도 없이 아픔도 없이 팥알만큼씩 떨어져 나와 손바닥에 올려놓고 바라보니 보이질 않아 너무 어두우니 당연히 안 보이는 걸 한참을 들여다보다가, 불을 켜자니 일어나야 되겠고 스위치는 너무 멀고—가까와도 마찬가지지만—쓰레기통도 너무 멀고 하여 살짝 문틈에 올려놨네 아침에 청소기로 치워버리면 누가 알려고?

며칠 후 생각이 나서 문틈을 보니 어디로 갔나 보이지 않네 발뒤꿈치 굳은 살덩이 보이지 않네 내 몸뚱이

겨우 사람아

가슴에 손을 얹자
겨우 사람아

열려있는 문은 열지 않는다 열린 문
밖에서 노크하는 사람아

온몸을 비틀고 쥐어짜며 외쳐도
들리지 않는 목소리여 말하고
말하는 사람아

무기를 없애버릴 무기를 만드는 것보다
아이들의 눈에 박힌
탐욕이라는 이름의 칼을 뽑자
그것이 우선이다

대통령의 욕이나 하면서
이웃의 흉이나 보면서
아이의 손 잡고 빨간 불에
길 건너는 사람아

눈 돌리면 전쟁이고
목마름이며 굶주림이다
머리맡에 포탄이고, 몸 떠난
팔다리가 먼지 속에 파묻힌다

모두를 가져도 부족하고
모두를 잃어도 넉넉한 것을, 가까운 곳
작은 아픔에 눈이 먼
아옹다옹 사람아

거울을 보자 별도 보자
내리는 빗줄기에 적셔도 보자
사람아

겨우겨우 사람아
가슴에 손을 얹자

썩은 분노 2

작은 일에 분노하지 말자.

나 혹은 그대로부터
무심하고 무심하게 비롯된
작고 작은 분노들,
그것은 썩은 분노다.

썩은 분노는
주위의 순수한 영혼까지 썩게 만드는
바이러스다. 화해의 눈맞춤도 없이
누군가의 목숨을 싸구려로 만들어버리기도 했다.

내가 찾아갈 테니 친구여,
나에게 옛날처럼 화 좀 내보게.
작은 일에 분노하고 분노하다
속 썩어 죽은 친구여.

인간의 가장 큰 무기는 경멸이다.
작은 일에 분노하는 썩어가는 그대여,

그대를 위하여 가득가득

경멸의 잔을 채운다.

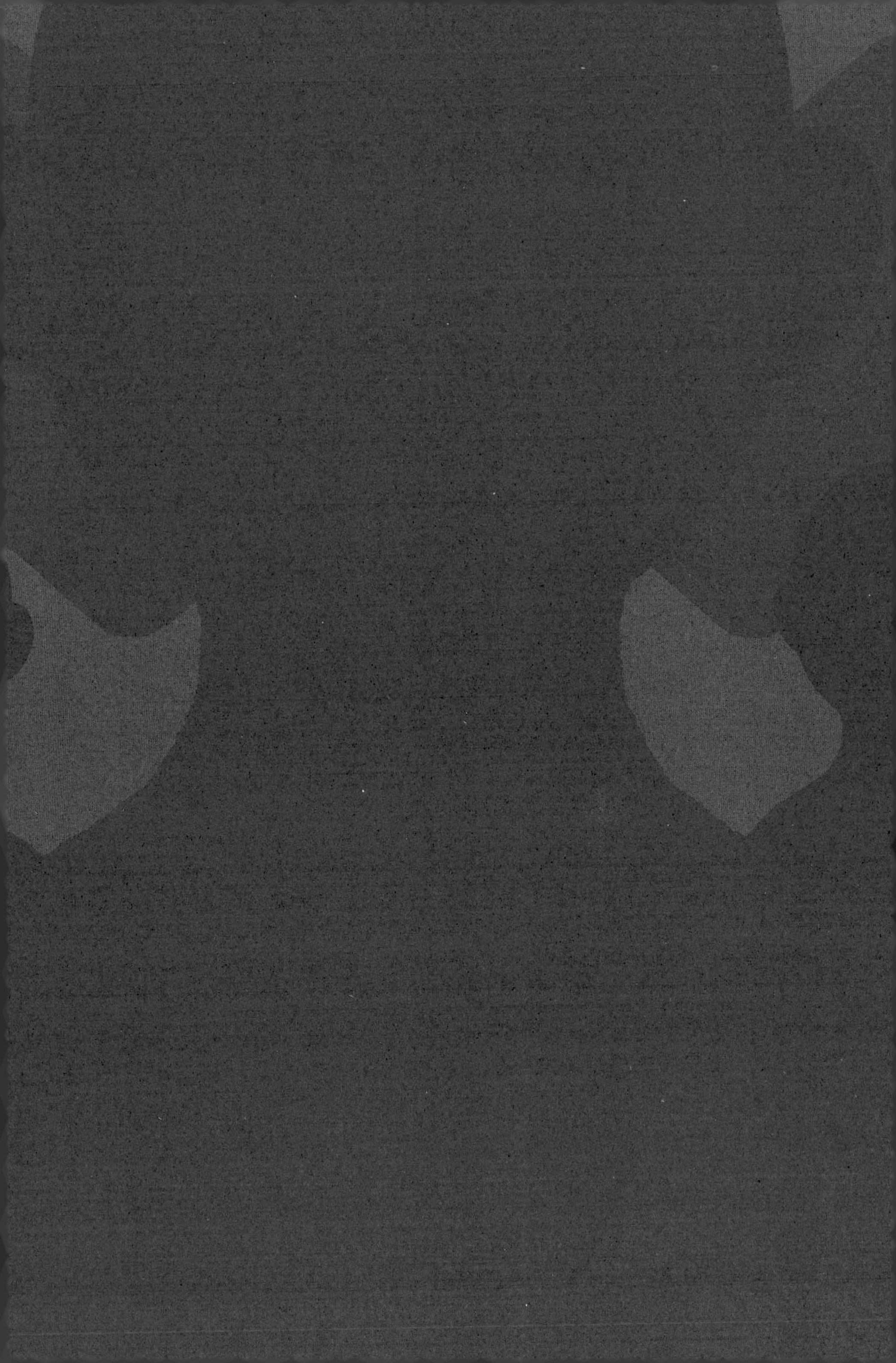

5부

달

처음엔 너의 존재를 몰랐어
쳐다보기는 했지

실제로는 멀어졌는지 몰라
한 걸음 다가가기는 했어

저만큼

걸어도 뛰어도
나는 시속 30킬로미터 속도로밖에 가지 못한다

내 목숨을 노리는 운명의 화살이 저만큼에서
저만큼에서
시속 50킬로미터의 속도로 나를 쫓아 온다

오른쪽 왼쪽 위아래
어디로 움직여도 피할 수는 없는데,
가던 길을 계속해서 가야만 하는가
한번 웃어버리고 차라리 멈춰야 하는가

다만 바랄 수밖에!
저 앞에 보이는 곳, 내가 원하고 내가 꿈꾸던 곳,
그곳에 매달린 사과 한 알을 딸 때까지
저만큼이 더 먼 저만큼이었기를

저승사자의 킬킬거림

배가 침몰해도 절벽에서 떨어져도
걱정 마라
독사에게 물려도 강도를 만나도
아직은 아니다 내 아직 너의 손을
잡지 않았으니

술도 담배도 아니고
운명도 사주팔자도 아니다
고침단명 미인박명이라는 말은
쓰잘데기없는 농담
전쟁이나 기아도 아니고
테러나 전염병도 아니다
스트레스도 게으름도 아니다

손바닥 생명선이 기니 짧으니
말하지들 마라
그날, 인중이 넓고 귓불이 길게 늘어진 놈들도
다 죽었다 놈들아

어리석은 종자들아 바보 같은 인간들아
네 놈들의 목숨은 순전히
내 손 안에 담겨있다
내 발걸음 내 마음먹기에 달려있다

각성하라 전혀 도움이 되지 않을 테지만
각성하지 마라 전혀 도움이 되지 않을 테지만
다만, 머잖아 내 손은 엄청 많이
부지런 떨 거라는 것만은 알려 주도록 하지

흐흐,
네 놈들의 목숨은 오롯이
내 손 안에 담겨있다 예외는 없다
동정도 자비도 결코 있을 수 없는

어이없게도

어이없게도,
귀신의 눈동자가 보이지 않았다
저승사자의 목소리가 들리지 않았다

누군가가 물었다
너는 왜 죽었느냐

나는 대답할 수 없었다
숨이 막혀 죽었노라고 숨이 막혀서

갈등

신들의 묘지에 서 있는
묘비의 내용은
모두가 똑같았다

“점 하나
찍을까
말까
망설이며 살다가
여기 잠들다”

무덤 속에서

어쩔 수 없었다고 말하는 것보다
어쩔 수 없는 말이
또 있을까

누군가는 떠나고
누군가는 남는 것
나머지는 아무것도 아니었다

"평범 이상을 꿈꾸다
평범 이하의 생활을 했던
평범한 한 사람의
위대한 고뇌여!"

무덤 속에서 그
고뇌마저 깔고 앉아
나는 너를 보는데 너는
묘비에 적힌 글자를 읽는다

해는 더 높이 떠오르겠지만

너는 곧 가겠지

그리고 나는 혼자다
내 앞에 네가 있어도

그리고 너도 혼자다
네 앞에 내가 있어도

맞다, 어쩔 수 없이 나는 죽었다
하지만 쓸쓸한 눈동자라니!

내가 여기 있는데,
내가 여기 있건만!

바늘 끝 하나 꽂을 데가 없을까

내가 모르는 사이에
세상의 모든 일들이 결정되어버렸다

내가 모르는 사이에
세상의 모든 일들이 시작되어버렸다

내가 모르는 사이에
나 자신의 운명까지도 뒤바뀌고 있었다

나에게 묻지 않았고
나는 대답하지 않았는데

내가 할 말들 당신들이 다 해버렸다
내가 할 일들 당신들이 다 해버렸다

백 년 전에 태어났다면
할 말이 있었을까

백 년 후에 태어난다면

할 일이 남아 있을까

나는 그만 입을 없애야 하나
나는 그만 숨을 멈춰야 하나

우습다, 지구별의 종말이 3분 전 자정을
가리킨다 해도! 3분의 시간은
너무 많이 남아 있는 것이어서
만 권의 이야기를 쓰고도 남겠네

우습다, 기러기 날고 간 하늘에
여백은 너무 넓어
다시 만년의 역사를
펼치고도 남겠네

별과 별을 잇는 다리 난간에서
글라이딩 한번 못 해 봤는데,
우리가 만든 바늘 끝 하나
꽂을 데가 없을까!

뭐하러

살아온 세월 속에 남은 것
주름살뿐이라면
뭐하러 새벽잠을 좇은 것인가

살아온 세월 속에 남은 것
흰머리뿐이라면
뭐하러 그 언덕을 넘었었던가

살아갈 세월 속에 남은 것
무덤뿐이라면
뭐하러 밥숟갈을 들을 것인가

종로에서

할머니가 지팡이에 힘을 싣고 횡단보도를 건넌다. 함께 출발한 사람들은 모두 지나갔고 벌써 빨간 불인데 할머니는 이제 도로 한복판이다. 나는 행여 눈치챌세라 조바심치며 한 걸음쯤 그녀 앞을 걸었다, 배 아프고 다리 아픈 사람인 척 잔뜩 허리를 구부리고.

내가 할 일은 아직 많이 남아 있다고 말하는 듯 길가의 가로수 일제히 손을 흔들었다.

술잔은 늘 너무 작았다

살 만하지 않는데 살 만하다고 말하며 산다는 것은
살 만하지 않은 것이다.

우습지 않은데 웃고 산다는 것은
우습지도 않은 것이다.

그럭저럭 살 만해. 그가 말했다.
그렇게라도 말하지 않으면 어쩔 거냐고 묻듯이.

내가 웃었다.
웃기라도 않으면 어쩔 거냐고 묻듯이.

우리들의 술잔은 늘 너무 작았다.

홀로 시를 읽네

1. 그가 달을 쳐다볼 때
그의 곁에 있지 못했다

그가 꽃을 가리킬 때
나는 시를 읽었다

함께 시를 읽자 했지만
아무도 머물지 않았다

둥근 달을 쳐다볼 때
그는 곁에 없었고

꽃을 따서 주고 싶었지만
내 곁을 떠난 후였다

2. 세월이 흘러 홀로 시를 읽네
시나 읽네

내일도 남아있는 시간이 있다면

사랑을 하기에는 하루가 너무 짧아.
시간이 너무 잘 가. 하루를
48시간으로 했으면 좋겠어.
한 달을 15일로 하고 1년을 6개월로 하면
마찬가지잖아?

그래도 하루에 밥은 세 끼만 먹어야 돼.
사랑도 일주일에 한두 번만 해야 돼.
배고픈 사람 사랑 고픈 사람이 좀
줄어들지 않을까?

그럼 보름달은 언제 뜨지?
묻지 마.
아무튼 세월이 너무 빨라.
깨어있는 시간이 너무 짧아.
라고 말하지 마. 하늘은 공평하게
보물창고 열쇠와 시간을 네게 모두 맡겼어.

사랑해. 그 말을 꼭 보름달 아래서만

하라는 법은 없어.
누군가를 안아줄 수 있는 시간은 아직도
많이 남아 있어. 만약 내일도
남아있는 시간이 있다면.

나는 시간을 믿어. 네게 하루 24시간이 매우
매우 적당하다는 것을. 시간이 있는 한 사랑은
늘 네 곁에 머물고 있다는 것을.

자, 손을 내밀어 봐.
내일도 남아있는 시간이 있다면 오늘
바로 지금.

사실 4

뉴스도 잘 안 보는 이들에게 시집을 건넸다가 개망신을 당하던 날, 흐드러지게 핀 철쭉꽃 위에다 꺽꺽 토했다.

사실 5

신부님은 오늘 하루
빗자루를 들지 않았고
성모님도 묵묵히
내려다보고만 계셨는데

충만한 십자가,
저녁 성당의 마당은
낙엽하나 없이 정갈하다

스스로 목숨 다한 가을이
세상의 모든 양들을
한숨짓게 할 때

빈 손의 사람 두엇
마당을 가로질러
양들의 이름을 부른다

SNS

내가 내가 아니듯 님도 님이 아니네
숨이 없고 맥박이 없고 체온이 없고
생식기가 없고 뇌가 없고,
약 올려도 화내지 못하고 우스워도
웃지 않네 손가락만 있네
히히덕거리는 손가락이 춤을 추네 하이얀
처절토록 외로운 손가락이
미친 듯 킬킬거리는 손가락만이,
의무 책임 같은 것들은 호기심 옆 동네로
추방시켜버리고
모두 개새끼가 되네 개새끼 같은
손가락들이 나를 너를 또 너를 나를
한구덩이 속에다 수장시켜버리네
병 들고 더러운 영혼들이 강물처럼 모여들어
세상을 질식시키고 손가락 무덤들을
만들어 가네 가끔은
익명의 바다에서 아주 큰 손가락이 튀어나와
표류하던 손가락 무덤들을 파괴해버리고,
이승에 한발을 딛고서 저승의 풍경을 설명하네

저승에 한발을 딛고서 이승의 도덕을 얘기하네
육상선수가 수영에서 금메달 따기를 바라는 것처럼
수영선수가 육상에서 금메달 따기를 바라는 것처럼
익명의 바다가 언제부턴가 허망의 바다로
이름을 바꾸었지만 끊임없이
끊임없이 손가락들은 모여들고
모여들고 손가락 무덤은 어제처럼
어제처럼 또다시 만들어지고 이윽고,

당신이 침묵할 때

잎이 뿌리가 될 수 없고
뿌리가 잎을 대신할 수 없는데,
순리도 본분도 주머니 속에 감춥니까

5월 이팝꽃잎보다 많은 부조리의 강을 그저,
지나갑니까

침묵하는 당신은 유령 되어 광장을 메웁니다
뒤설 이가 앞에 서서 춤을 춥니다

춥다고 제비가 부뚜막에 집 짓나요
제철 아닌 귀뚜라미 바다 가서 울던가요

그것이 그것인 줄 누가 모를까요
가슴에 담아둔 채 외치지 못한 말
쌓이고 쌓였다가 재가 될 때에

아이들은 울지요
아이들만 울지요

절벽

결혼 날짜 잡힌 딸아이에게 희망과 용기를 주고 싶었다. 그저 어깨나 두드려주고 싶었다. "세상은 만만한 게 아니란다… 준비한 게 많이 부족할 테지만 마음의 여유를 갖고… 엄마 아빠가 널 사랑하는 건 알지?" "내가 알아서 한단 말야! 사랑은 무슨…" 아이는 소리 지르며 제 방으로 가버렸다. 바닥에 떨어진 딸아이의 메모장엔 개 한 마리가 그려져 있었고 개 둘레로 멍이라는 글자 아홉 개가 적혀 있었다.

거실로 나왔다. 혼자 티브이를 보며 귤을 먹는 아내에게 메모장을 보여 주었다. 귤 하나를 건네며 "개새끼는 되게 못 그렸다, 그치?" 웃으며 "어려서 그런 거니 당신이 이해해요" 할 줄 알았다. 아니었다. "당신이 잔소리를 하니까 그러죠. 그러니까 말 좀 조금만 하고, 평상시에 잘해야지…"

베란다 밖 하늘에선 함박눈이 내리고 있었다. 담배 하나를 입에 물고 창문을 열자, 고개도 돌리지 않은 채 아내가 말했다. "추운데 왜 문을 열고 그래요? 혼자 산삼이라도 삶아 먹었나…"

겨우 인간

늘
또는 가끔

더
또는 덜

꼼지락거림

겨우 인간 2

도전하고 포기하고
이리 비틀고 저리 움직여도,
빨리 가도 늦게 가도 도착지는
누구나 다 아는 곳

파도를 닮으려 해도
바위를 닮으려 해도 결국은
뜨거운 햇볕 모래산 위
토막 난 지렁이

꼼지락거림임을 알고서
꼼지락거림을 멈추려고
아무리 꼼지락거려도 다시,
꼼지락거림

하늘 보고 땅 보며
살고 사랑하고, 아아
울고 가도 웃고 가도 도착지는
누구나 다 가는 곳

사랑의 자격증

여치의 노래에 귀 기울일 줄 아는 사람은
다급하게 울리는 종소리에도
당황하지 않는다.

난을 잘 치는 사람은
신호등이라는 것을 처음 봐도
빨간불에 길 건너지 않는다.

잡은 붕어 다시 놓아줄 줄 아는 사람은
미끄러운 내리막길에서도
넘어지지 않는다.

아이의 울음을 잘 달랠 줄 아는 사람은
힘들고 어려운 일이 닥쳐도
주저앉지 않는다.

사랑을 할 때 만약에 자격증이 있어야 한다면
그들 몫의 자격증을
먼저 챙겨야 하리라.

둥지

힘이 센 거짓이
둥지를 흔들었다

마주보기가 힘들어 고개 돌리자 거기
도둑고양이처럼 찾아온 이별이 있었다 이별은
무너져내리는 둥지의 모습을
지켜보고 있었다

힘이 다한 거짓은 어디론가 사라지고 거기
벼락처럼 찾아온 그리움만 있었다 그리움은
무너져버린 둥지의 흔적을
찾아 헤매고 있었다

외로움을 몸에 두르고
그리움을 좇았지만
어디서도 둥지의 모습을 다시
찾을 수가 없었다

거절

풀잎의 이슬만으로 시냇물은 졸졸
노래 부르고 있나요?

저 도도한 강물은
시냇물의 열정만으로 채워졌나요?

보태지고 보태져도
밤하늘의 별똥별이 떨어질 때 우리는
나 또는 당신이라는 이름이지요

강물처럼 유성처럼 흐르고 나면
어차피 언젠가는 잊히고야 말
두 사람은 본디 하나 또
하나에요, 안녕

한번 생긴 상처에선 반드시
피가 흐르는 법이지요
흐르고 흘러 결국에는 재처럼 가벼워질 뿐

흐르는 피가 이슬이 되어 다시
풀잎에 맺히어도, 나
또는 당신은 함께 노래 부를 수
없어요, 안녕

그대는 달처럼

있다.
있는 것은 그냥 있는 것.

비어 있다.
채우려 애쓰지 말 것.

멈춤.
그것은 광기의 집합이다.

이별.
멈춰있음의 바다.
내 빈 뼈다귀로 울어
결론에 동의하지 않음.

흐르는 것은 흐르는 대로
지켜볼 것.
눈물이 흐르는 것은 그냥
있음의 현상.

치장하지 말 것.
서스펜스와 클라이맥스를
첨가하지 말 것.
돌아서서 걸을 것.

호수에 비친 달이
함께 가잔다.

죽음의 한 연습

절벽에 매달린 채

왜 사느냐

묻는 사람도
묻지 않는 사람도

살려고 살지

이 또한
죽음의 한 연습

존재의 이유

천년이 가고
천년이 다시 와도

나는
나를 닮았다

이 세상
누구와도 닮지 않은

나

누구에게 말하나 (유행가)

별이 반짝인다고 누구에게 말하나
뻐꾸기가 알을 낳았다고 누구에게 말하나
어항 속의 금붕어는 강을 그리워 않는다고
새장 속의 앵무새는 숲을 잊어버렸다고
누구에게 말하나

힘들어, 견딜 수 없을 만큼 힘이 들어
하지만, 노을이 불탄다고 누구에게 말하나
눈물이 맺히는데 누군가 벌써 울고 있었어
신비는 사라지고, 슬픔도 그저 그런 게
되어버렸지

기다릴까 봐 말하는데 기다리지 마
사랑할까 봐 말하는데 사랑하지 마
그리하여 머무를 수 없었어 그리하여
떠날 수밖에 없었어 머무르고 싶었다고
떠나긴 정말 싫었다고 누구에게 말하나
누구에게 말하나

인위적 야만인

나는 내가 기억하고 싶은 것만 기억하는
기억 단절 증후군 환자다.

나는 내가 보고 싶은 것만 보는
선택적 까막눈 증후군 환자다.

나는 내가 하고 싶은 것만 하는
배고픈 특별시민이다.

나는 당신들의 간절한 눈빛을 기어이 외면한
인위적 야만인이다.

외면하고 외면하고 외면한
그리하여 처방 없이 수술대에 올라야 할
인위적 야만인.

난감

시인이 아니라고
시인이 아닌 것은 아니잖아요?
홀로 묻고 대답하면서,

한 편의 시도 남기지 못한 시인이
굳이
절필 선언을 하고
세상 숲으로 들어갔다

그러자,
문득문득 얼굴 내미는
시라는 놈들!

세상 숲에 포위되어
시에 빠져 죽었지만
마지막까지
완성된 시 한 편 남기지 못하였다

시인이 아니라고

시인이 아닌 것은 아니잖아요!

홀로 묻고 대답하면서,

아침이 오고 있다

오대양육대주 향해 내달리던 우리의 산맥들은
달빛 자락에서 잠시 쉬고 있을 뿐이다

눈 감고 귀 닫은, 길들여진 짐승들이
저들의 춤을 추며 저들의 국기를 흔든다

주인 아닌 주인들이
빼앗은 채찍으로 산과 들을 후려치는데

작은 굴에 눌러앉은 호랑이는
대대손손 오손도손 토끼의 꿈이나 꾸잔다

이윽고 저들의 역사책에 기록되어 남으리라,
21세기 한반도는 우리의 식민지였노라!

....

달빛을 밀어내며, 아침이 오고 있다

해설

인간에 대한 비평적 탐구

공광규/ 시인

1.

장태삼 시인의 시집『겨우 인간』은 요즘 시단에서 보기 드문 인간에 대한 시적 탐구서다. 시집 전체가 인간의 속성과 행실을 매섭게 비판하고 비난하고 비평하면서 독자를 박진감 있게 끌고 다닌다. 이런 인간에 대한 비평적 탐구 이면에는 인간에 대한 지극한 애정이 자리한다. 그러니 이 시집은 인간에 대한 애정 어린 시적 탐구인 것이다.

몇 편의 시에 나타난 '시'를 어휘로 등장시킨 시들을 보면, 장 시인은 아주 오래전부터 시에 관심을 갖고 노력을 해온 열렬한 문학청년이었다.

42년 만에 미쳤다.
미쳤는데,
1년간만 미쳐야 한다는 사실에
돌아버릴 것 같았다.

반쯤 돌아버린 상태로 근근이 버티다가
겨우 아내의 허락을 받아서
완전히 돌아버리기로 했다. 단
1년간만 한시적으로.

스무 살 무렵에
신춘문예 당선 소감을 5편씩 써 놓기도 했지만,
완전히 미쳐버리지 못한 후유증으로
42년간 반쯤 정신 줄을 놓고 지내야 했다.

-「42년 만에 미치다」 중에서

인용한 시를 보면, 시인은 스무 살 무렵에 신춘문예 당선 소감을 5편이나 써 놓을 정도로 문학에 자신에 차 있었고 푹 빠져 있었다. 그러나 대부분의 문청들이 그렇듯, 청년기를 지나면서 생계에 떠밀려 잠시 손을 놓고, 가정을 구성하고, 자식을 낳고 살다 보면 어느새 나이가 훌쩍 들어 머리가 하얗게 변한다.

아이들도 다 크고, 어느 정도 가정경제도 여유가 있을 무렵에야, 다시 정신없이 지내느라 잊었던 옛날을 돌아보게 된다. 그리고 이루고 싶었으나 이루지 못한 로망에 대하여 다시 한번 도전을 시작하는 것이다. 일가에서는 청년기인 이십 대, 삼십 대에 등단하지 않고 중년 이후 문학의 길로 들어서 창작활동을 하는 것을 선 인생 후 문학을 줄여 후문학파라고도 한다.

요즘은 등단자도 중년 이후가 많으며, 이분들은 인생의 연륜 때문에 시를 잘 쓴다고 한다. 따라서 후문학파의 질적 양적 생산품을 제외하고는 한국의 시문학을 논할 수 없다는 것이다. 우리가 장태삼 시인이 화자를 앞세워 시에 "42년 만에 미쳤다."는 절규를 충분히 이해하고 공감하는 것도 여기에 있다.

아무튼 시인은 스무 살 무렵에 꿈을 이루지 못하고 "완전히 미쳐버리지 못한 후유증으로" 지난 "42년간 반쯤 정신 줄을 놓고 지내"다가 "겨우 아내의 허락을 받아서" 1년간 시에 집중하기로 한 것으로 보인다. 대신에 "1년이 지난 후 성과가 없으면/ 온전한 정신으로 붕어빵 장사라도" 하겠다는 결의를 다지고 있다.

그래서 글쓰기를 해보려고 하나, 쓰기 도구가 바뀌어 컴퓨터는 할 줄을 모르고, 만년필로 써보려고 뚜껑을 열었으나 오랫동안 쓰지 않아서 사용할 수가 없다. 만년필을 수리하느라 많은 시간을 보내다가 떠오르는 말들을 잊어버렸다. 이렇게 하면서 6개월 10개월이 지난 것이다. 문청 시절에 꿈꾸고 있던 이루지 못한 시에 대한 재 도전기를 역동적으로 진술하고 있다.

그러나 시인의 시 쓰기는 때때로 좌절을 겪는다. 대개 사람들의 마음은 시인의 마음과 같지 않다. 그래서 시인은 "뉴스도 잘 안 보는 이들에게 시집을 건넸다가 개망신을 당하던 날, 흐드러지게 핀 철쭉꽃 위에다 꺽꺽 토했다(「사실 4」 전문)"고 한다. 이런 일은 장 시인만의 일은 아니다. 정서와 인생관이 다른 사람으로부터 받는 시인 스스로의 상처이다.

그래서 시인은 혼자다. 생업을 위해 사람들과 교류를 하더라도 혼자 있어야 사유와 사색과 집필이 가능하다. 결국은 시 「홀로 시를 읽네」와 같이 혼자로 돌아가는 것이다. 세상의 사람들과 코드가 달라 다른 곳에 눈과 마음을 두고 있어서 늘 불화하고 불협화음을 일으키고 내동댕이 처져 "시나 읽"고 쓰는 것이다.

1. 그가 달을 쳐다볼 때
그의 곁에 있지 못했다

그가 꽃을 가리킬 때
나는 시를 읽었다

함께 시를 읽자 했지만
아무도 머물지 않았다

둥근 달을 쳐다볼 때
그는 곁에 없었고

꽃을 따서 주고 싶었지만
내 곁을 떠난 후였다

2. 세월이 흘러 홀로 시를 읽네
시나 읽네

-「홀로 시를 읽네」 전문

2.

시 쓰기는 자아 찾기다. 기억과 추억, 현재 생활경험 속에서 나를 찾아가는 것이다. 장태삼은 시 「새벽」에서 “누구를 위해서도 아니고/ 무엇을 원해서도 아”닌 자기 자신을 위해 “창문을 열고/ 가장 경건한 마음으로 하늘을 보”며, “내가 살아갈 날이 얼마나 남았을까/ 내가 사랑할 일이 얼마나 남아 있을까” 겸손한 마음으로 자신에게 묻는 시인이다.

시 「존재의 이유」에서 “천년이 가고/ 천년이 다시 와도// 나는/ 나를 닮았다// 이 세상/ 누구와도 닮지 않은// 나”라고 나를 불변하는 대상으로 본다. 시 「인위적인 야만인」에서는 자신을 야만인으로 재단하고 있다. 자신에 대한 채찍이고 반성이다. 동시에 자신에 대한 애정이며 자기 풍자다.

나는 내가 기억하고 싶은 것만 기억하는
기억 단절 증후군 환자다.

나는 내가 보고 싶은 것만 보는
선택적 까막눈 증후군 환자다.

나는 내가 하고 싶은 것만 하는
배고픈 특별시민이다.

나는 당신들의 간절한 눈빛을 기어이 외면한
인위적 야만인이다.

외면하고 외면하고 외면한
그리하여 처방 없이 수술대에 올라야 할
인위적 야만인.

-「인위적 야만인」 전문

이렇게 자신을 '인위적 야만인'으로 철저하게 비하하고 비난한다. 자기를 단호하고 철저하게 단속하는 시인은 유과를 먹다가 세월이 많이 흘러 임플란트를 한 이가 자기 역할을 못 하는 나이에 이르렀음을 깨닫는다. 젊어서는 "돈 그까짓 거, 맘만 먹으면 벌 수 있다고 장담"하고, "인생 그까짓 거, 아무것도 아니라고 생각"하고 "슬금슬금 웃기"까지 했다.

젊어서 "역사에 금 하나", "실금 하나 못 그으랴 했었"지만, 세월은 내게서/ 유과 하나 삼킬 힘마저 빼앗아 가버렸다. 시 「세월」에서도 인생을 조감한다. "세월이 지나면 그냥/ 나이를 먹"고 "어른이 되는 줄 알았"지만, 어른이 되면 "탑 하나쯤 못 쌓으랴 했었"지만 시간이 흘러서 지금은 "지전 몇 장 챙"겨서 "이제 그만 눈 감으라"고 한다는 것이다.

시인은 시 「나 떠날 때」에서 "나 떠날 때/ 존중하지 말 것/ 배려하지 말 것/ 일말의 감상도 갖지 말 것/ 나를 위하여 단 한 송이의 꽃도 꺾지 말 것."이라며 철저한 자기 단속을 한다. 이렇게 단련된 목소리는 외부로 칼끝처럼 향한다. 그는 사람들에게 세상을 원망하라고 부추긴다. 단, 스무 살까지이기는 하지만.

원망하라!
국가와 사회 개 같은 세상,
부모와 형제, 임과 벗과 선배 후배를
원망하라 엿 같은 세상,
종교와 선생님과 비밀번호를
책임과 무책임을 원망하라 더러운 세상,
별과 달과 눈과 비를, 망치 소리와
아이의 눈물과 시간표를 미래의 꿈마저
원망하라 토할 것 같은 세상,
세상을 세상의 모든 것을 원망하고 원망하라
단, 스무 살까지만.

-「원망하고, 원망하라」 전문

시인이 이렇게 세상을 원망하라고 부추긴다. 그 이유는 국가와 사회, 인간의 절대적 윤리와 가치가 바르지 않기 때문이다. 스무 살까지는 세상의 모든 것을 부정하라는 것이다. 시인은 국가와 사회는 물론, 인간관계에 대한 검토도 놓치지 않는다. 시 「존재」에서는 인간을 "서로의 심장에/ 소금을 뿌리"고, 또 "가끔은/ 서로의 심장에/ 입 맞추기도 하"는 존재로 정의한다. 그래서 "텅 빈 가슴끼리/ 다가서지 못하고// 무너진 어깨끼리/ 기대지 못하는// 서로,// 네온사인 휘황한/ 무인도에서// 사라진 선사시대의/ 돌무덤을 보듯이" 한다는 것이다. 그러면서 아래 시와 같이 독자에게 지시하고 명령한다.

인생이라는 이름의
바다에 나가려거든
피 묻은 칼하나 준비 없이
비 내리는 항구를 서성대지 마라

평화와 자유라는 이름의
열차에 오르려거든
뜨거운 포탄하나 준비 없이
매표소 앞에 줄 서지 마라

절실함과 치열함을
장롱 속에 두고 온 여행자여,
녹슨 칼과 포탄은 오로지
네 심장을 겨누어라

-「여행자에게」 전문

3.

장태삼 시의 정점은 인간에 대한 본질적 탐구다. 시인은 인간을 신랄하게 직관하고 풍자한다. 그에게 인간은 "누렁 짐승으로 태어나/ 온갖 잡식으로 머릿속을 채우고" 사는 존재다. 이런 인간에 대한 애정 어린 비판과 비평이 있고, 질책이 있다. 표제 시 「겨우 인간」과 같은 연민하는 폄하가 있다. 인간을 "늘/ 또는 가끔// 더/ 또는 덜// 꼼지락거림"이라며 지능이 낮은 벌레로 본다. 아래 시 「양들은 진화하지 않는다, 민중처럼」은 인간에 대한 풍자다.

상대방이 시원할까 봐 여름엔 붙어서 살고
상대방이 따뜻할까 봐 겨울엔 떨어져서 지내는
질투 많은 짐승.
살려져 있는 것들의 하나 남은 무기는 질투였다.

양들은 송곳니가 자라지 않는다.
발톱을 뾰쪽하게 깎을 줄도 모른다.
몇천 년이 지나고
몇천 마리가 모여 있어도
겨우 몇 마리의 늑대에게 쫓기어 다닌다.
아버지가 새끼가 친구가 잡아먹혀도
나는 살아 있다!
산 너머 물 건너 힐끗 한번 보고는
어제처럼 내일처럼
풀을 뜯는다.

가뭄 끝에 비가 오면 가뭄을 잊고
장마 끝에 해가 뜨면 장마를 잊고
여름엔 덥다고 짜증 내고
겨울엔 춥다고 투정한다.

강 건너 높은 산들은 열 배 백 배 끝없이 펼쳐졌지만
낮은 산 낮은 계곡 그 중에서
그중에서 가장 높이 오르려는 몇 놈이
피 터지게 싸움을 하고 나머지는
무관심이다, 풀을 뜯는다.

산 너머 넓은 들판은 열 배 백 배 끝없이 펼쳐졌지만
강 건너지 않고 산 넘지 않아 좁은 땅
그중 힘 센 몇 놈이, 절반은 내 땅 하면서
말뚝을 박지만, 그러려니 한다.
풀이 부족할 땐 뿌리까지 파먹으면서.

양들은 진화하지 않는다, 민중처럼.

-「양들은 진화하지 않는다, 민중처럼」 전문

그야말로 양의 행태적 특성을 통한 인간에 대한 풍자이다. 인간은 질투하는 짐승이다. 질투하는 존재다. 질투의 속성은 상대방이 좋아하는 것, 잘 되는 것을 못 봐 준다. 쾌적하게 지내는 것을 못 봐준다. 여름엔 상대방이 시원하게 지낼까 봐 내가 더울지언정 붙어서 산다.

겨울엔 상대방이 따뜻하게 지낼까 봐 내가 춥더라도 오히려 떨어져서 지낸다.

초식동물인 양들은 송곳니가 없다. 상대방과 싸움을 위해 발톱을 날카롭게 깎을 줄도 모른다. 아무리 많은 세월과 많은 수가 모여 있어도 몇 마리의 늑대에게 당하지 못한다. 아버지나 자식이 잡아먹혀도 속수무책이다. 아무런 생각 없이 풀을 뜯어 먹는 양은 현실에 순응하며 살아가는 사람의 속성과 같다.

대개의 사람들은 가뭄 끝에 비가 오면 가뭄을 잊는다. 장마 끝에 해가 뜨면 언제 장마가 있었느냐는 듯 장마를 잊는다. 덥고 춥다고 계절마다 짜증을 낸다. 몇 놈은 권력투쟁을 위해서 피 터지게 싸우지만, 나머지는 무관심이다. 주변에 무슨 일이 벌어져도 무관심하게 풀을 뜯고 있는 것처럼 자신의 먹고사는 문제에 매달려 산다.

힘센 몇 사람이 권력과 부를 소유한다. 힘센 몇 놈이 권력과 부를 소유하는 것에 그러려니 한다. 그러면서 풀이 부족할 때는 뿌리까지 파먹으면서 강 건너 산 너머 끝없이 펼쳐진 초원으로 이동할 줄 모른다. 사람의 양태와 양의 행태가 너무 비슷하다. 풍자적 방식으로 구성하기에도 아주 좋은 관계다.

4.

장태삼의 시에는 인간 비평과 질책이 있는 것만은 아니다. 사람 사이에 관계를 개선해야 한다는 주장이 있고, 따뜻한 동료와 친구가 있고, 유머가 있다. 시 「우리는 2」에서 "서로의 가슴에/ 꽃이 되자고/ 말하지 말자/ 저기 오는 누군가의 몫으로/ 고이 남겨 두고/오직 한 송이의 꽃을/ 함께 바라보자"고 한다. 한 개의 등불로 두 사람의 그림자를 환하게 비추자고 한다.

그의 시에 몇 편의 청계천 연작이 보인다. 청계천은 시인이 삶의 오랜 시간을 보낸 생업의 공간으로 추정된다. 시인은 청계천에 비가 오는 날 "몇 사람의 눈물이 보태져/ 강물이 되어 흐르는가// 내 한숨 몇 모금도/ 섞이어서 흐르는가// 전태일 다리에 비가 내린다// 빗물에 씻겨갔던 눈물 한 방울/ 긴 세월 돌고 돌아/ 다시 내 눈에 담기고(「청계천」 전문)"라며 감회에 젖기도 한다. 청계천이 여러 사람의 눈물과 한숨이 섞여 있다는 것이다.

> 전태일 동상이 늘 그 자리를 지키듯이
> 그 시간이면 어김없이 거기에 있었다
> 부르면 대답했고 팔 흔들며 웃었다
> 단추가게 윤 사장 지퍼가게 송 사장
> 종합시장 원단가게 곽 사장까지,
> 밀레니엄 황 상무 에이피엠 박 전무
> 브라질 수입업자 전 사장까지,
> 지게아저씨 임 씨 통일상가 관리실 미스 최
> 동화상가 김 이 또 허 이 김 사장

무역회사 권 사장 정 과장까지,
금형 사출 도금 염색 에폭시 들의 사장 공장장까지
그가 있을 때 전태일 동상 주변은
만남의 광장이었다
셋 되고 금방 다섯 여섯 되어
아무거나 말고, 오늘 점심은 뭐로 하지?
나름 매우 어려운 질문을 해가며
왁자지껄 먹자골목으로 향하곤 했다
먹자골목 닭칼국수 맛있기도 했지만
나누는 술잔과 이야기를 좋아했다
어느 날 먹자골목서 손님 하나 사라졌다
어제처럼 그 자리에 서 있을 줄 알았는데
불황이 쓰나미처럼 찾아왔고
수명 다한 제조업은 일어나지 못하였다
부르면 언제나 대답할 줄 알았는데
팔 흔들며 언제나 웃어줄 줄 알았는데
다리는 너무 낮고 청계천 물 얕았는가
깊은 강 높은 다리 찾아
이 거리를 떠났는가
어느 날부터 그의 모습이 보이지 않았고
전태일 얼굴이 조금 더
쓸쓸해져 있었다

-「청계천 3」 전문

현재 청계천에 전태일 동상이 세워져 있다. 시에는 동상이 세워지기 전부터 지금까지 시간과 이야기가 담겨있다. 오랜 시간 청계천에서 보낸 흔적이 보인다. 시에 수많은 가게와 공장과 업종과 사람의 성씨가 등장한다. 현재 동상 주변은 옛날에도 만남의 광장이었다고 한다. 점심시간에 서너 명에서 대여섯 명이 모여서 먹자골목으로 가서 닭칼국수를 먹거나, 술잔을 나누던 곳이다.

제조업이 침체가 되면서 불황이 찾아오자 타격을 받는다. 골목에 손님이 사라지기 시작하고, 제조업은 끝내 일어서지 못했다. 사람들의 모습이 보이지 않기 시작하고, 전태일 동상의 얼굴은 갈수록 쓸쓸해져가고 있다. 우리나라 산업의 흥망사를 고스란히 간직하고 있는 청계천, 지금은 청계천이 개발되면서 공장들이 다른 곳으로 이주하였지만, 당시의 모습이 인물과 업종의 구체적 언급으로 생생하게 전달된다.

시 「청계천 2」에서 시인은 오래전 공장과 동료와 친구들이 사라진 청계천 다리 위에 서 있다. 지금은 전태일 다리로 변했다. 술 한잔을 하고 담배 한 개비를 피우고, 커피도 한 모금 마셨다. 그러면서 생각해보니 지난날이 눈 한번 깜박할 사이에 지나간 것이다. 화자가 오랫동안 생업으로 시간을 보낸 곳이어서 "와도 가도 또다시 전태일 다리 위"인 것이다.

지금 뭐해?
전화 받고 있지.
나오게, 술이나 한잔 하게.
안 돼.

왜?

사흘에 한 번 머릴 감는데 어제 감았거든. 모레 만날까?

모레? 내가 안 돼.

왜?

어쩌다 한 번 잠이 들면 사흘씩 못 일어나는데, 오늘 밤 잠들기는 영 그른 것 같아서.

점심은 먹었나?

지금 다섯 시야.

점심은 먹었냐고 물었잖아.

지금 다섯 시라고 대답했어.

하, 목이 말라, 컵 찾고 있어 나는.

하, 술이 고파, 술병 보고 있어 나는.

지금부터 뭐할 건가?

그런 걸 묻다니, 예의를 지키게. 그러는 자네는 시방부터 뭐할 텐가?

일단은 전화를 끊어야지.

그럼……

(전화 끊김)

-「백수열전」 전문

시「백수열전」에서 화자는 나이가 들어 생업의 현장에서 물러난 인물이다. 소위 백수다. 화자와 통화를 하는 상대역 역시 백수이다. 두 사람의 백수가 주고받는 적나라한 대화가 현실감이 있고 재미있다. 시인의 구성력이 돋보이는 한 편의 멋진 풍자시다.

5.

장태삼 시집 원고를 읽어가면서 몇 가지 주제적 소재적 특징들을 유형화하고 분류하여 검토하여보았다. 스무 살 무렵에 신춘문예 당선 소감을 써 놓을 정도로 일찍부터 문학에 열정을 바쳤던 그가, 42년 만에 다시 열정적으로 바치는 시들을 통해 인간을 탐구하는 모습이 매섭다.

인간에 대한 애정을 바탕으로 하고 있는 이 시적 인간탐구서는 시집 전체를 통해 인간의 속성과 행실을 매섭게 비평하면서 독자를 문장 속으로 박진감 있게 끌고 다닌다. 시인은 자신을 인위적 야만인으로 재단하고 채찍질하고 반성하며 자아를 단련한다. 스스로 자기를 풍자하며, 때로는 겸손한 마음으로 살아갈 날과 사랑할 날이 얼마나 남았는지 스스로 묻기도 한다.

칼끝처럼 불꽃처럼 강렬하게 단련된 자아로 인간의 본질을 신랄하게 직관하고 풍자하는 시인은, 인간은 누렁이 짐승이며 온갖 잡식으로 머릿속을 채우고, 꼼지락거리는 지능이 낮은 벌레라고 연민하기도 한다. 그렇다고 그의 시에 인간비평과 질책만 있는 것은 아니다. 사람 사이에 관계를 개선해야 한다는 주장이 있고, 따뜻한 동료애가 있고, 유머가 있다.

장태삼은 모든 시의 근본이, 시 쓰기의 근본이 사람과 사람을, 사랑이라는 것을 잘 알고 있다. 몇 편의 청계천 연작들에서는 흘러간 시간에 대한 개인의 감회와 동료나 친구들과 어울리는 정겹고 따뜻한 인간애가 돋보인다. 지면상 언급하지 못한 아내에 대한 몇 편의 시에는 애정과 연민이 넘친다. 시로 인해 장 시인의 노후가 한층 빛나길 기원한다.

책나무출판사에 감사의 마음을 전하며…

미안하다. 어쩔 수 없었다고 보내버린 어제 어제들아. 확신은 오늘도 부재중이니, 또 미안하면 어찌할까 내일 내일들아.

예보에 없던 호우로 지하실이 물에 잠기던 날, 여태 뭘 하고 지냈냐는 질책에 한 묶음의 봄을 찢었다. 앞으로 어떻게 살 거냐는 물음에 한 장 또 한 장의 가을도 찢었다.

미래의 풍경마저 모두 찢어버리려 했지만, 우리들의 몫은 어차피 후회뿐이지 않느냐며 내 앞을 막아섰던 벗이여. 얼굴에 보자기라도 뒤집어쓸까. 팽개쳤던 소설이야 그렇다 치고 덜컥 시집을 내버렸으니, 희망보다 무거워진 부끄러움을 어떡하란 말인가.

단골 순댓국집에서 다만 그대를 기다리는 수밖에!

벗이여, 제일 비싼 메뉴로 시키게. 오늘만큼은 그대를 탓하지 않으려네. 배꼽에서 바글바글 헛웃음이 올라온다 싶으면, 어언 반쯤만 풋풋한 마나님들 불러내어 동대문 닭칼집이나 어디로 이차를 가세나.

더 완고해진 겨울의 벽을, 민다, 봄이야 오든 말든. 장태삼.

이 도서의 국립중앙도서관 출판예정도서목록(CIP)은 서지정보유통지원시스템
홈페이지(http://seoji.nl.go.kr)와 국가자료공동목록시스템(http://www.nl.go.kr/kolisnet)에서
이용하실 수 있습니다. (CIP제어번호 : CIP2018039772)

겨우 인간

초판 1쇄 발행 2019년 1월 1일

지은이 장태삼

펴낸곳 책나무출판사 **펴낸이** 임병천
출판신고 2004년 4월 22일(제318-00034)

주소 서울시 영등포구 신길3동 325-70 3F
전화 02-338-1228 **팩스** 0505-866-8254
홈페이지 www.booktree.info

ISBN 978-89-6339-600-2 03810